# 가격 인상의 기술

Zettai Moukaru Neage no Shikumi Oshiemasu
by Akira Ishihara

# 가격 인상의 기술

## 가치를 더하면 가격을 올릴 수 있다

이시하라 아키라 지음

두드림미디어

이시하라 아키라 씨는 제가 가장 영향을 받은 사람 중 한 명입니다. 저는 이시하라 아키라 씨가 운영했던 '고수익 탑 3% 클럽'에 10년 이상 속해 있으면서 그의 가르침을 직접 받을 수 있었습니다. 이시하라 아키라 씨의 책을 소개하고 싶어도 전부 다 절판이라서 안타까웠는데, 이 책이 다시 출판된다고 하니 너무 기뻤습니다.

저자로서의 브랜드력이 있는지 없는지는 신간을 얼마나 기대하고 있는지로 측정할 수 있다고 생각합니다. 이미 고인이 되어버려서 더 이상의 신작을 기대할 수 없는 이 책은 이시하라 아키라 씨의 유작이기도 합니다. 지금도 이시하라 아키라 씨가 이 책을 집필하던 2년 동안 들려주셨던 이야기가 생생하게 제 기억에 남아 있습니다.

이 책은 시간당 1,000만 원의 컨설팅 비용을 받음에도 매일 8명

이상의 사장들이 컨설팅을 받으러 왔다는 전설적인 경영 컨설턴트 이시하라 아키라 씨가 중소기업의 '가격 인상' 요령을 알려주는 책입니다. 지금처럼 힘든 시기에 가격을 올릴 수 있을지의 여부는 중소기업의 사활이 걸린 문제입니다. 이 책에는 중소기업이 어떻게 하면 기존의 거래 관계를 해치지 않고 가격 인상을 할 수 있는지 실제 사례와 함께 노하우가 제시되어 있습니다.

고가의 히나마츠리 인형임에도 불구하고 매년 성수기를 기다리지 않고 완판되어버리는 오리지널 인형, 80엔에서 250엔으로 서서히 가격을 인상해 이익을 8배 가까이 올린 '아게만쥬' 가게, 가격 인상으로 연간 7,200만 엔의 이익이 발생해 경영을 재건한 여성 브랜드 회사, 가격 인상과 함께 문제 가맹점을 설득해 경영이 개선된 프랜차이즈 체인 등, 흥미로운 가격 인상 사례가 등장합니다. 또 가격 인상의 근거가 되는 '가치'에 대해 저자가 정리한 부분은 상품이나 상품의 판매 문구를 개선하는 힌트가 될 것입니다.

저자에 따르면 다음의 4가지가 돈을 버는 체질의 회사로 바뀌기 위한 단계입니다. 이 책에는 이 단계에 따라 당신이 회사를 개선시킬 수 있는 방법이 나와 있습니다.

## ▶ 회사가 돈 버는 체질로 바뀌는 4단계

**1) 가격을 올린다**

**2) 고객층을 바꾼다**

**3) 정보를 더한다**

**4) 경영을 잘 한다**

이 책에 나와 있는 노하우를 적용해서 당신의 회사를 돈 버는 체질로 바꿔보십시오. 가격에 대한 고민이 있는 모든 소상공인과 중소기업 사장님들, 그리고 개인 사업자분들에게 필독서로 추천하는 책입니다.

마지막으로 제가 가장 좋아하는 이시하라 아키라 씨의 명언을 여러분들에게도 보내드리겠습니다.

"오늘의 노력이 지금의 매출을 올리는 것과 동시에 어떠한 미래를 만들고 있는지를 생각해야 한다."

나홀로비즈니스스쿨 대표

비즈니스 트렌스포메이션 코치 **서승범**

# 가격 인상은 기업의 올바른 노력이다

필자는 지금까지 4,500개 이상의 기업에 컨설팅을 진행했다. 각 기업의 사업 모델이 B2B(Business to Business, 기업과 기업 간의 거래)가 되었든 B2C(Business to Consumer, 기업과 소비자 간의 거래)가 되었든, 또는 경기가 좋든 나쁘든 상관없이 기업들 대부분이 가격을 올리도록 유도했다. 이 중에는 10배 이상 올린 기업도 있었다.

사람들 대부분은 비싼 가격에 걸맞게 부가가치를 더 하는 방법 등만 알고 있어서 '가격 인상'이라고 하면, 큰 개선이 필요하다고 생각한다. 하지만 필자가 제공하는 컨설팅은 다르다. 그 이유는 본문에서 구체적으로 설명할 것이다. 지금 살짝 알려주자면, 대부분은 단순히 가격을 올리는 작업부터 시작했다. 어떤 변화를 준다고 해도, 상품의 포장을 바꾸는 정도에 그쳤다.

필자의 컨설팅을 받은 기업 대표들은 '그렇게 하면 고객이 떠나가는 게 아닐까? 그 때문에 사업이 막다른 길에 봉착하지는 않을까?' 하며 걱정한다. 그러나 가격을 인상해서 상품이 팔리지 않게 되거나 전체적으로 고객이 감소한 경우는 전혀 없었다. 오히려 기업들 대부분의 매출과 수익이 향상되었다. 수익이 향상되면 당연히 경영도 안정되므로 거의 모든 기업이 가격을 인상한 후부터 지금까지 순조롭게 운영 중이다.

먼저 이 사실을 모든 기업가, 경영자들이 알아뒀으면 한다. 지금까지는 가격이 싸면 쌀수록 좋다고 생각했기 때문에 1엔이라도 싸게 파는 것이 기업의 올바른 노력법이라고 믿었다. 그러나 이는 틀린 생각이다. 경우에 따라서는 가격을 올리는 것이 옳을 때가 있다. 아니, 필자는 가격을 올리는 것이야말로 기업의 올바른 노력이라고 생각한다.

어째서 가격을 올리면 경영 상태가 개선되는 것일까?

그 이유는 바로, 가격 인상에 의해 회사 전체가 이익을 올리는 체질로 변화하기 때문이다. 이는 다음의 4단계만 거치면 이뤄진다.

1. 가격을 올린다.
2. 고객층을 바꾼다.
3. 정보를 더한다.
4. 경영의 범위가 확대된다.

상품 및 서비스 가격을 올리면, 회사 자체가 고수익성 체질로 변하기 때문에 적절한 이익을 얻을 수 있다. 자금의 압박에서 해방되고, 업무의 절대량이 줄어들어 기업 내부에는 여유가 생긴다. 또한 비싼 상품을 판매한 직원들 입장에서는 자사 제품에 긍지를 갖게 되며, 보람까지 느낄 수 있다.

어느 시점이 되면 거래 고객층이 싹 변한다. 가격보다 안심과 신뢰에 기준을 두고 제품을 사려는 고객(양질의 고객, 부유층)

이 생길 것이다. 여기까지 도달하면 사업은 단숨에 성공을 향하게 된다.

이때 가치 있는 정보를 부가하면 가격을 더 인상할 수 있다. 지금까지 얻은 이익을 좀 더 짧은 시간 안에 얻을 수 있음을 의미한다. 요컨대 경영인에게 시간이 주어지게 되면서 본연의 업무, 즉 기업의 미래를 만드는 일에 집중할 수 있다.

일본에서는 20년이 넘는 오랜 기간에 걸쳐 디플레이션 불황이 계속되고 있다. 앞으로도 인구 감소의 영향으로 인해 경기 침체는 계속될 것이다. 그러나 중소기업 입장에서 보면, 경기 침체나 시장 정체는 이익을 낼 수 있는 절호의 기회다. 사고방식만 바꾼다면 '양질의 고객', '부유층'을 상대로 한 신규 사업을 준비할 최적의 타이밍이라 할 수 있다. 지금이야말로 각 기업은 상품 및 서비스를 비싸게 팔 방법을 익혀야 할 시기다.

이 책에서는 일본 시장이 어떻게 변해왔는지 자세하게 설명하

면서 앞으로 사업가에게 어떤 사고와 행동이 요구되는지 알려
주고자 한다. 또한 어떻게 하면 '양질의 고객', '부유층'을 끌어
들일 수 있는지, 그다음 단계에 필요한 적절한 대응법 등에 대해
정확한 사례를 들어 설명하고, 그 실천 방법을 전달할 것이다.

책을 다 읽고 가격 인상의 효과를 이해한다면, 기업을 고수익
성 체질로 전환하게 만드는 가격 인상의 단계를 알 수 있게 된다.

지금 하고 있는 업무를 '훌륭한 일'이라고 당당하게 말하기 위
해서라도 '싸지 않으면 팔리지 않는다'라는 부정적인 생각은 하
지 말자. 긍지를 갖고 비싸게 파는 스타일로 경영 방침을 바꾸
기 바란다.

이 책은 모든 기업의 바이블이 될 것이다.

**이시하라 아키라**

| 차례 |

**1장** | ## '가격 인상'이 필요한 이유

**2장** | ## 처음에는 가격만 올린다
### 가격 인상이야말로 올바른 경영법이다

**7장** | ## 가격 인상의 최대 목적은 '시간'을 만드는 것
경쟁 없이 노력만으로 이기는 경영을 위해

# '가격 인상'이
# 필요한 이유

이번 장에서는 수많은 기업들이 돈 벌 수 있는 기회를 왜 놓치고 있으며, 가격 인상을 할 수 있는 기회를 왜 살리지 못하는지에 대해 설명하려고 한다. 또한 좋은 상품을 저렴하게 팔고자 하는 좋은 의도에서 비롯된 폐해와 가격을 높게 설정해 매출 향상을 이룬 기업들을 소개하려고 한다.

가격 경쟁에서 한 축을 담당하게 된 인터넷에 대해서도 설명한다. 인터넷의 등장으로 같은 상품이라도 더 저렴한 가격에 구매하고 싶어 하는 소비자들의 요구는 어느 정도 실현되었다. 그 이면에는 어떤 일이 일어나고 있는지 살펴보려고 한다. 우리가 상상할 수도 없는 엄청난 일들이 일어나고 있기 때문이다.

# 시장이
# 양극화되다

오랫동안 경기 침체기가 이어진 탓에 일본의 시장(마켓)에서는 양극화가 진행되고 있다. 고도 성장기 이후부터 일본에는 세계적으로도 그 예를 찾기 힘들 정도로 두터운 중산층이 형성되었고, 이 중산층이 국내 소비의 대부분을 차지했다. 그러나 20년 이상 계속된 디플레이션의 불황때문에 수많은 중산층이 저소득층이나 빈곤층(하류층)으로 추락하고 있는 실정이다. 이 때문에 시장은 크게 일부 고소득자와 자산 보유자(상류층), 그리고 저소득자(하류층), 이렇게 두 그룹으로 나뉘게 되었다. 이 그룹 간의 격차는 날이 갈수록 커지고 있다.

대기업은 '추락한 중산층'을 잡기 위해 저가 전략으로 방향을 틀어 차례로 저가 상품을 내놓고 있다. 뒤이어 중견, 중소기업마저 저가 판매에 뛰어들면서 일본에서는 치열한 저가 전쟁이 벌어졌다. 그 결과, 상품 및 서비스 가격이 일제히 하락하면서 일본 시장은 싸구려가 넘쳐나고 있다.

기업들 대부분이 일제히 저소득자 위주로 사업 방향을 전환한 결과, 고소득자를 상대하는 상품이나 서비스가 일본 시장에서 자취를 감추기 시작했다.

# 가짜 식품은
# 어떻게 생겨났나?

디플레이션의 불황이 지속되는 동안, 일본에서는 저가 경쟁이 전개되었다. 소비자도 이런 동향을 반기며 기업이 내놓은 저가 상품을 앞다퉈 구매했다. 이런 시장의 반응을 본 기업들은 더 저렴한 상품을 출시하게 되면서, 이른바 디플레이션 악순환(Deflation Spiral, 경기 침체 상황에서 물가는 하락하고 경기는 더욱 침체되는 악순환 현상)이 일어나게 되었다. 그러나 도를 지나친 가격 경쟁은 소비자에게 생각지도 못한 부담으로 돌아왔다.

2013년, 식자재 허위 표기문제가 화제를 모았다. 수입산 흰 다리 새우를 '보리새우', 블랙타이거를 '참새우'라고 표기해서 허위로 유통시킨 사건이다. 유명 호텔 레스토랑에서도 가짜 새우를 취급했다는 사실이 발각되기도 했다. 곳곳에 만연한 식자재 허위 표기 실태에 일본 소비자들은 경악했다. 신용을 제일로 여겨온 호텔마저 부정적인 사건에 빠지게 된 원인은 대체 무엇이었을까?

이 사건에는 단순히 업계의 모럴 해저드(moral hazard, 도덕적 해이)만으로 치부할 수 없는 뒷이야기가 숨겨져 있다고 생각한다. 기업이 소비자에게 강한 압박을 받은 탓에 무리수를 두게 틀림없다. '싸고 좋은 상품을 제공하는 것이 기업의 노력'이라는 이미지에 영향을 받은 소비자가 기업에 '고가의 새우를 싼 값에 먹고 싶다!', '더 싸고 좋은 것을!'이라며 압박을 가한 것이다.

원래는 메뉴 자체의 만족도와 맛, 서비스 같은 노력으로 경쟁해야 한다. 하지만 도가 지나친 소비자의 니즈(needs)와 시장의 요구에 응하려다 보니 그만 넘어서는 안될 선을 넘은 게 아닐까 생각된다. 물론 경쟁이 심화된다고 해서 식자재를 허위로 표기하는 행위가 용납되는 것은 아니다. 그러나 식품업계에 '저가 전쟁'이 벌어진 배경에는 소비자의 요구가 있었음을 부정할 수 없다.

'저렴한 것'에는 나름의 이유가 있다. 그런데 지나치게 저렴함만을 추구하면서 소비자와 유명한 상점까지 그 빚을 고스란히 떠안게되었다. 크나큰 손실이 아닐 수 없다.

저가 경쟁으로 인한 모럴 해저드는 요식업계에만 국한되지 않는다. 모든 업계에서 이런 사례를 찾아볼 수 있다. 그 결과, 지금의 일본은 '싸지만 좋지 않은 상품 투성이'가 되었다. 반면 일부에서는 '가격보다 안심과 신뢰의 시각으로 상품을 구매하는 고객(=양질의 고객, 부유층)도 있다'는 사실을 잊어서는 안 된다.

그런데도 품질이 좋은 물건, 안심하고 살 수 있는 물건을 파는 상점은 자취를 감추는 바람에 시장에 싸구려 저가 제품밖에 없자 상류층은 '쇼핑 난민'이 되어가고 있다.

시장에 저가 상품만 존재하는 것은 한 국가의 시장 균형 면에서도 매우 빈약하다. 무엇보다 질 좋은 제품과 서비스의 실종은 수준 높은 전통 기술 및 문화의 맥이 끊기고 있음을 의미한다. 과도한 가격 경쟁이 이제는 일본의 미래마저 담보 잡고 있는 것이다.

# 중소기업은 가격 경쟁에 뛰어들지 마라!

중소기업이 저가 판매에 뛰어드는 것은 기업 경영이라는 관점에서 봐도 의문스럽다. 대기업이 저가 상품을 내놓는 행위는 시장 전략의 하나라고 볼 수 있지만, 중소기업마저 이런 흐름에 영향을 받아 똑같이 저가 전쟁에 뛰어드는 것은 난센스(nonsense)다.

이유는 간단하다. 가격 전쟁에서 이기는 기업은 시장을 통틀어 오직 하나뿐이기 때문이다. 가격 전쟁에서 선두를 제외한 다른 모든 기업은 패배자나 다름없다. 이런 승자독식 구조의 경쟁에서 대기업은 풍부한 자원을 바탕으로 규모를 확대해 이익을 얻을 것이다. 반면 상대적으로 자원이 부족한 중소기업은 이에 대항하기 힘들다. 거기다 대기업의 저가 전략은 최종적으로 시장을 재패한 다음, 가격을 인상하기 위한 통과점에 지나지 않으므로 절대로 따라 해서는 안 된다.

# 유니클로의
# 저가 전략

경제 전문지에서 저가 전략을 논할 때 항상 언급되는 기업이 바로 '유니클로'다. 하지만 유니클로를 비롯한 대기업이 이런 저가 전략을 통해 최종적으로 이루고자 하는 목표는 결국 '가격 인상'이다.

의류업계에는 더 이상 유니클로의 대항마가 존재하지 않는다. 특히 히트텍 등 기능성 속옷 분야에서는 '거의 모든 일본 국민이 입고 있는 게 아닐까?'라는 생각이 들 정도로 독주하고 있다. 대기업은 처음부터 이런 상황을 연출하기 위해 저가 전략을 취하고 있다고 보면 된다.

대기업의 목적은 저가 전략을 통해 경쟁사를 시장에서 따돌리는 것이다. 그래서 모든 소비자가 자사의 상품을 사지 않을 수 없는 독점 구조를 형성한 후에 다시 가격을 올리는 데 있다. 예를 들어, 히트텍의 가격을 30엔, 100엔 올려도 소비자 입장에서는 대체품이 없으니 다른 방도가 없다. 단숨에 엄청난 수익을 올릴 수 있게 된 것이다.

경쟁 상품이 등장해도 다시 가격을 낮추는 방식을 통해 시장에서 몰아내면 그뿐이다. 현실이 이러므로 거대 자본을 가진 대기업을 상대로 가격을 갖고 한 판 붙으려는 시도는 매우 위험하다. 중소기업이 저가 전략으로 대기업과 경쟁하기 위해서는 대기업이 흉내조차 내지 못할 수준으로 가격을 낮추는 것은 물론, 전국에서 오는 주문을 다 독점할 수 있는 사업 모델을 타 업체의 추종을 불허하는 속도로 전개해야 한다. 그러나 고도의 기술로 직원을 모두 대체하거나 아예 판을 뒤집는 등 현존하는 가치를 무용지물로 만들 모델이 없다면, 앞에서 말한 전략은 불가능하다.

# 고가의 인형이
# 사랑받는 이유

저렴할수록 소비자가 좋아한다는 착각에 빠져 많은 기업이 제 살 깎아 먹기 식의 가격 인하 경쟁에 뛰어들었다. 하지만 사실 소비자가 '마냥' 싼값만을 추구하는 것은 아니다. 가격 경쟁이 과열되는 조짐에 대해 정작 소비자들이 '저렇게까지 요구한 적이 없다'라며 의아한 반응을 보이는 것도 바로 이런 이유 때문이다.

사람들이 물건을 고르는 선택의 기준은 가격이 전부가 아니다. 소중한 물건, 중요한 일에는 그에 걸맞게 충분한 금액을 투자하는 것이 인간의 심리다. 대표적인 예를 소개하고자 한다.

도쿄 니혼바시에 '후라코코'라는 전통 인형 제조업체가 있다. 이 업체는 흔히 볼 수 있는 히나 인형(ひな人形, 3월 3일 히나마쓰리에 여자아이의 탄생과 성장을 축하하는 의미에서 장식하는 인형)이나 오월 인형(伍月人形, 5월 5일 어린이날에 남자아이의 탄생과 성장을 축하하는 의미에서 장식하는 인형)과는 달리, 아기를 꼭 닮은 독특한 표정의 인형을 개발해서 큰 인기를 끌고 있다.

여기서 우리는 후라코코의 인형이 시장 가격에 비해 결 코 저렴하지 않다는 점에 주목해야 한다. 여타 기업과는 달리 이 업체는 가격을 낮추려는 시도조차 하지 않았다. 그런데도 후라 코코의 인형 수요는 매년 증가해 품절 사태를 빚기도 한다.

한 손에 쏙 들어올 만큼 앙증맞은 크기의 천황 내외 인형은 무려 6~9만 엔에 판매된다. 시녀 3명과 5명의 어릿광대가 포함된 3단 세트는 20만 엔에 육박한다. 3단이라고 해도 장식을 마쳤을 때 가로세로 폭이 50cm가 넘지 않는 작은 사이즈다.

온라인 쇼핑몰에서 히나 인형이 수천엔 대에, 시중 마트에서 어린이 키만 한 크기의 3단 또는 5단 세트가 2~3만 엔에 판매되는 것과 비교해본다면, 후라코코의 제품은 상당히 비싼 축에 속한다.

요즘 같은 시대에는 고가 인형이 팔리지 않는다는 말이 업계에서 상식처럼 되어 있다. 하지만 매년 가을에 시작하는 후라코코의 예약 판매는 1월 초순이면 모두 마감된다. 업계에서 소위 대목이라 일컬어지는 2월까지 갈 필요도 없이, 해가 바뀌기도 전에 일부 제품이 완판이 될 만큼 후라코코의 제품은 많은 사랑을 받고 있다.

후라코코는 오프라인 판매를 일체 하지 않는다. 고객들은 실물을 보지 못한 상태에서 홈페이지에 올라온 정보와 업체가 제공하는 팸플릿만 보고 고가의 상품을 주문해야 한다.

이렇게 고객들이 후라코코의 인형을 갈망하는 데에는 그럴 만한

가격 인상의 기술

이유가 있다. 앞서 말한 독특하고 귀여운 표정도 한몫을 했지만, 무엇보다 베테랑 인형 장인의 숙련된 기술과 조그마한 소재 하나도 소홀히 하지 않는 최고급의 품질이 지갑을 여는 데 성공한 것이다.

수작업을 고집하다 보니 제작 수량에는 한계가 있을 수밖에 없다. 이 때문에 인형을 사고 싶어도 살 수 없는 사람이 속출하고 있다. 이 중에는 처음 어린이날을 맞이한 딸과 손녀에게 선물하려 했다며 안타까움에 발을 동동 굴리는 사람도 있다.

이처럼 인형을 사지 못한 사람들 중 상당수는 다음 해에 판매할 인형을 미리 예약한다. 2008년 후라코코가 창업한 이후, 매년 수십 명에서 100여 명의 고객이 1년 전부터 인형을 예약하고 있으며, 지금은 그 숫자가 300명에 이른다. 특별한 날을 싸고 적당한 제품으로 때우고 싶지 않다는 소비자의 의지가 느껴지는 대목이다.

후라코코의 사례에서 알 수 있듯이 소비자가 항상 싼 것만을 좋아하는 건 아니다. 품목에 따라서는 좋은 물건, 즉 양질의 물건을 구매하려고 하며 스스로 만족되지 않으면 사지 않겠다는 나름의 원칙도 있다. 이런 사고방식은 고소득자나 부유층뿐만 아니라 적지 않은 수의 일반 가정에서도 통용되고 있다. 여러분들도 이 점을 알아두기 바란다.

# '나나쓰보시 인 큐슈' 예약의 쇄도

고가 상품이 인기를 끈 사례는 이외에도 많다. JR 큐슈가 개발한 '나나쓰보시(ななつ星) 인(in) 큐슈'도 그중 하나다.

'나나쓰보시 인 큐슈'의 상품 중에 특별 제작된 호화 침대열차로 큐슈를 일주하는 3박 4일 투어가 가장 인기 있다. 1인당 요금이 무려 75~130만 엔으로, 일본 국내 여행 중에서도 초고가 상품이다. 하지만 매회 신청 인원이 쇄도하고 있다. 예약이 꽉 차는 수준을 넘어, 수십 대 일의 경쟁률을 뚫고 당첨되어야 참가가 가능하니 인기가 엄청나다. 2013년 가을에 모집한 제7회 투어의 평균 경쟁률은 33대 1, 최대 경쟁률은 316대 1이 될 정도였다.

이러한 인기의 비결은 무엇보다 열차가 투어를 위해 특별 제작된 호화열차라는 데 있다. 1류 호텔과 동급인 고급 가구와 각종 소모품을 들인 객실, 라이브 연주를 들으면서 칵테일을 즐길 수 있는 라운지, 유명 셰프가 만든 고급 요리, 커다란 창문 너머로 큐슈의 장대한 경관과 밤하늘의 별을 즐길 수 있는 식당차 등 지금까지 일본에서 본 적없는 호화로운 열차 서비스를 만끽할 수 있다.

그뿐만이 아니다. 3박 4일 코스에서는 하카타에서부터 오이타, 가고시마, 구마모토로 이동하는 동안 중도 하차해 큐슈의 유명한 온천에 몸을 담그고 유명한 레스토랑에서 저녁식사를 하는 나들이 일정도 있다. 게다가 일반인에게는 공개되지 않는 유적을 둘러보는 기회가 제공되는 등 '나나쓰보시 인 큐슈' 투어에서만 경험할 수 있는 특별한 이벤트가 있다.

이전만 해도 여행업계 관련자들은 국내 여행, 그것도 겨우 3박 4일에 100만 엔이라는 금액을 호가하는 상품에 대한 수요는 거의 없다고 생각했다. 그러나 '나나쓰보시 인 큐슈'는 가격에 걸맞은 품격의 서비스라면 금액에 상관하지 않고 구매를 희망하는 소비자가 있다는 사실을 증명했다.

소위 부유층만 이용하지 않았다. 물론 부유층이 주 고객이지만, 평범한 사람도 노후를 즐기기 위한 방법 중 하나로 여행 상품을 구매했다. 은퇴를 자축하는 의미에서 퇴직금 봉투를 열어 탑승했다는 부부나 다시 없을 기회를 놓치고 싶지 않아 비상금을 쏟아 부은 철도 마니아 등은 일반인들 사이에서도 '사치 부리는 실버세대'가 증가하고 있음을 보여주고 있다.

이러한 사례에서도 상류층뿐만 아니라 보통 사람들도 소중한 물건이나 경험에는 돈을 아끼지 않는 경향이 있다는 사실이 극명하게 드러난다. 가격을 낮추는 것이 소비자를 위한 것이라는 사고방식은 기업의 일방적인 착각에 지나지 않는다는 점을 명심하길 바란다.

# 시장의 판도를 뒤집은 인터넷의 등장

일본 소비자(및 경영자)가 가격에 집착하게 된 데에는 인터넷 역시 한몫을 했다고 생각한다. 인터넷이 보급되기 전만 해도 일본에는 지금처럼 가격 위주로 상품을 고르는 문화가 없었다.

여기에는 일본 시장만의 특수한 사정이 있다. 2차 대전 이후 찾아온 고도 성장기에 일본에서는 대규모 제조업체가 시장 가격을 결정하는 '정가제도'가 시행되었다. 전 세계적으로 사례를 찾기 힘든 독특한 제도다.

외국에 가본 독자라면 가격이 붙어 있지 않은 상품을 본 적이 있을 것이다. 판매자가 고객과 가격을 흥정하는 문화가 뿌리 박혀 있는 나라에서 볼 수 있는 현상이다. 여기에는 최대한 비싼 값에 상품을 팔고자 하는 판매자 측의 노림수가 숨어 있다. 일본인의 관점에서는 흥정문화가 아류(亞流)처럼 느껴지겠지만, 사실 이런 방식이 글로벌 비즈니스의 주류다. 반면, 국내 브랜드 제품의 경우에는 세일 기간이 아니면 어느 백화점에서나 같은 가격, 즉 정가에 파는 문화가 오랫동안 지속되었다.

이는 고도 성장기에 태어난 관습이다. 판매자 입장에 서는 몰려온 고객 한 명, 한 명과 교섭하기보다는 고객 이 상품을 직접 골라 계산대에 들고 오는 것이 더 효율적이었기 때문이다. 즉, 상점의 편의를 위해 셀프 서비스의 판매 방식이 자리를 잡은 것이다.

업체 입장에서는 흥정에 드는 수고와 시간을 더는 것 외에도 고객 응대에 필요한 인원을 줄일 수 있어 좋다. 수익성 면에서는 정가제가 매우 유리하다.

하지만 필자는 이 정가제도로 인해 일본의 사업가들이 교섭 능력을 잃어버리고 장사 수완마저 떨어졌다고 생각한다. 고객과 흥정할 줄 모르니 가격을 내리는 방법 외에 다른 판매 방법을 모르는 것이다. 이처럼 가격 인하의 전쟁에 더욱 박차를 가하게 된 이유에는 공급자 측이 교섭 능력을 잃어버린 탓도 크다. 현재 일본에서는 골동품 및 각종 컬렉션 업계 등 극소수만이 흥정과 교섭을 통한 가격 결정 프로세스를 가지고 있다.

일본의 뿌리 깊은 정가제도를 뒤흔든 계기는 다이에(ダイエ) 등의 대형 마트와 가전제품 매장의 등장이었다. 대량 매입을 통해 가격을 낮추거나 구형 모델을 취급하는 방식으로 얼마 전까지 백화점에서 비싸게 팔리던 상품을 훨씬 싸게 살 수 있는 시

대를 열었다. 즉, 저가 판매족들이 정가제도를 무너뜨린 것이다.

그 무렵부터 가격이 싼 상점을 선택하는 소비 패턴이 자리를 잡았으며, 이때 인터넷도 등장했다. 가격 비교 사이트는 같은 상품을 1엔이라도 더 저렴하게 사려는 소비자들에게 큰 호응을 얻었다.

시장은 '정보×물류(logistics)'로써 형성된다. 인터넷은 누구나 쉽게 '정보'를 퍼뜨리고 받을 수 있는 사회를 만들었다. 가격 비교 사이트 등에서 각 업체의 판매가를 실시간으로 알려주는 바람에 가장 저렴한 곳을 순식간에 파악할 수 있게 되었다. 인터넷은 소비자에게 좀 더 저렴한 구매 활동을 돕는 툴로 활용되기 시작했다.

온라인 쇼핑몰을 운영하는 업체가 우후죽순 늘어나면서 똑같은 상품이라면 저렴한 온라인 쇼핑(ecommerce)으로 구입한다는 소비 스타일이 차츰 당연하게 인식되었다. 온라인 쇼핑몰이 이처럼 저렴한 가격에 제품을 판매할 수 있는 비결은 오프라인 매장이 없으며 고객과 직접 얼굴을 마주하고 상대하는 과정을 생략했기 때문이다. 기존의 오프라인 매장과 달리 인건비나 건물 임대료를 아낄 수 있는 만큼 절감된 비용을 제품 가격에 반영한 것이다.

초창기 온라인 쇼핑몰은 배송비가 비쌌고 주문 후 택배가 도착하기까지 시간이 많이 걸리는 바람에 한동안 오프라인 매장이 계속 시장 우위를 점했다. 하지만 그것도 잠시뿐이었다. 아마존, 라쿠텐을 필두로 온라인 판매업체가 대규모 유통망을 통해 '무료 배송', '당일 배송' 서비스를 실시하면서 형세는 바로 뒤집혔다. 시장을 형성하는 또 다른 요건, 즉 '물류'를 갖춘 영향이 컸다. 이후 소비자들은 단숨에 인터넷 쇼핑으로 넘어갔다. 인터넷의 등장으로 소비자의 소비 패턴이 변하자 기업들은 너나할 것 없이 저가 전략을 펼치며 온라인 판매에 주력하게 된다.

# 그렇다면 고객은 모든 쇼핑을 온라인에서 하게 될까?

온라인 쇼핑 이용률이 높아지면서 '낮은 가격=소비자의 니즈'라고 착각한 기업들이 스스로 가격 경쟁에 뛰어들었다. 경쟁은 날로 심해졌고 상품의 시장 가격은 시시각각으로 떨어졌지만, '가격을 내리지 않으면 고객이 떠난다'라는 공포 속에서 허우적댈 뿐이었다.

가격을 내리기 위해 값싼 소재를 쓰거나 부품을 줄이기도 하며 정규직 직원을 줄이고 계약직 파견사원 및 아르바이트 비율을 늘리는 등 기업들은 제품이나 서비스의 질을 포기하고 개발 비용이나 설비 투자를 대폭 절감하게 되었다.

설비 투자를 하지 않는다는 것은 미래를 위한 투자를 포기한다는 뜻이다. 이는 곧 기업이 눈앞의 이익만을 좇는 것을 말한다.

이런 비용 절감은 기업이 오랜 시간 공들여 만든 양질의 제품이나 서비스, 상품 개발 능력을 단번에 퇴화시켰다. 인터넷이 정보 혁명을 일으킨 사실은 분명하다. 하지만 일본 경제에서는 업종을 불문하고 질보다 저렴함을 중시하는 풍조를 만들어

냈다고 본다.

참고로 미디어에서 '앞으로 모든 소비를 인터넷으로 할 수 있는 시대가 온다'라는 식의 극단적인 예측을 해서 모든 기업을 떨게 만든 적이 있다. 과연 근거가 있는 말일까?

'소비자가 모든 것을 인터넷으로 사는 시대'는 결단코 오지 않는다. 아니, 올 리가 없다는 표현이 더 정확하겠다.

# 상류층이 인터넷을 이탈하고 있다

소비자가 모든 것을 인터넷으로 사는 시대는 결단코 오지 않을 것이라고 단언하는 근거는 무엇인지 궁금할 것이다. 그것은 한 가구당 지출액을 따져봤을 때 온라인 쇼핑의 비율은 겨우 8.4%(일본 총무성 '가계 소비 상황 조사 2015년 1월')에 지나지 않기 때문이다. 지금도 소비자는 구매 행위 대부분을 오프라인 매장에서 하고 있는 것이다.

인터넷의 시대가 왔다고 떠들썩했지만 실제 지출 비율이 낮은 이유는 무엇일까? 여기에는 2가지 이유가 있다.

첫 번째 이유는 온라인 쇼핑이 '귀찮기' 때문이다. 온라인 쇼핑몰을 통한 쇼핑은 편리하다는 인식이 있다. 과연 실제로는 어떨까? 클릭 한 번으로 빠르면 당일, 늦어도 다음 날에 상품이 도착한다는 점은 편리하지만 그 상품을 고르기까지 얼마나 많은 시간이 드는지 생각해본 적 있는가?

인터넷은 방대한 양의 정보로 넘쳐난다. 해당 사이트를 비롯해 구매자들의 사용-후기가 적힌 게시판이나 블로그를 빠짐없이 확인하려면 많은 시간과 노력이 필요하다. 게다가 요즘은 페이스북 등 SNS에 가입하면 쿠폰을 주는 식의 혜택도 많다. 하지만 이런 혜택을 받기 위해서는 회원 가입이 필수조건이어서 꽤 번거롭다.

정보를 얻을 수 있는 수단은 늘었지만 다루기 복잡하고 정보의 양도 너무 많다. 정보가 지나치게 많으면 이를 하나로 줄이기도 어렵다. 그야말로 불편하다.

수많은 정보를 헤치고 나와 마침내 구입할 항목을 결정했다면, 다음은 주문 페이지에서 주소나 이름, 전화 번호, 이메일, 심지어 신용카드 번호나 은행계좌 등의 개인 정보를 입력해야만 한다. 주문자의 취미나 연봉을 묻는 경우도 있다. 이런 작업 역시 번거롭기는 매한가지다. 입력을 모두 마쳤다고 해도 끝난 게 아니다. 해당 사이트의 회원에 가입하라고 권유당할 경우, 주문자는 또 다시 개인 정보 입력 페이지와 맞닥뜨리게 된다.

수많은 인터넷 이용자들이 이런 절차에 넌더리가 났을 것이다. 게다가 배송된 상품에 결함이 있다면? 생각했던 이미지와 다르다면? 구입처에 이런 사정을 메일로 보낸 후, 방금 도착한 상품을 다시 포장하고 택배로 보내야만 한다. 이처럼 온라인 쇼핑은 매우 번잡하며 수고스러운, 한마디로 '귀찮은' 일이기도 하다.

이미 '귀찮아서 인터넷을 하지 않는' 사람들이 늘고 있다.

가격 인상의 기술

또한 꼭 정해진 물건만 인터넷으로 사고, 나머지는 사지 않는다는 소비자도 증가하고 있다.

이런 점을 감안하면 온라인을 통한 구매가 본인의 용도에 맞는 경우나 마니아적인 소비자가 아닌 이상, 인터넷 쇼핑은 일시적인 유행 정도로 스쳐 지나가지 않을까 싶다.

거듭 말하지만 세상에는 가격만 따져 구매를 결정하는 사람만 있지 않다. 시장의 상층부에 있는 부유층은 엄청난 금액이 아니면 가격을 신경 쓰지 않는다. 오히려 구입 장소나 추천인을 중시하는 경향이 있다. 신뢰할 수 있는 사람이 추천한 양질의 물건 중에서 본인 취향에 맞는 것을 선택하는 식이다. 가격은 둘째, 셋째 문제다. 그들이 향후 인터넷으로 물건을 구매한다면 온라인 한정 상품이나 평소 정기적으로 구매 중인 특정 상표의 일용품(혹은 식품) 정도가 아닐까 싶다.

인터넷은 미국에서 만들어진 네트워크 기술이다. 영토가 광활한 미국에서는 매장에 가려면 상당한 수고를 들여야 하는 사람이 많다. 그래서 한 번에 많은 물건을 산다. 이런 국가에 사는 사람들에게는 클릭 한 번으로 상품을 배달해주는 서비스가 생활에 큰 도움이 된다. 하지만 일본은 대부분 집과 가까운 곳에 가게가 있다. 온라인 쇼핑몰을 창업해서 성공한 젊은 IT 기업 경영자들마저 다음과 같이 말한다.

"저는 인터넷으로 쇼핑 안 해요. 가까운 가게로 뛰어가는 게 더 빠르잖아요."

실제로 많은 사람이 인터넷 쇼핑을 귀찮은 것으로 여기고 되도록 이용을 꺼리고 있다. 그래서 '소비자가 인터넷으로만 물건을 사는 시대'가 올 리는 없다.

# 인터넷 쇼핑은
# 재미가 없다

두 번째 이유는 인터넷 쇼핑이 재미가 없기 때문이다. 사람은 쇼핑하면서 가격 외에도 여러 가지 요소를 통해 즐거움과 만족을 느끼고자 한다. 클릭 한 번으로 상품이 도착한다면 편리하겠지만, 이를 시시하다고 느끼는 사람도 분명히 있다.

필요한 물건을 손에 넣었다고 해서 그것만으로 만족할 수 있을까? 그렇지 않다. 사람들은 쇼핑을 통해 들뜬 기분이나 만족스러움과 같은 정신적인 만족을 얻고자 한다.

고도 성장기 시절, 가족들에게 가장 인기 있었던 여가문화는 '쇼핑'이었다. 주말이면 가족이 함께 백화점에 가서 어머니가 좋아하는 옷, 아이들이 갖고 싶었던 장난감을 샀고 흡족한 기분으로 레스토랑에서 식사를 했다. 식사 후에는 옥상에 있는 유원지에서 놀이기구를 타며 모두 함께 즐거운 시간을 보냈다. 저녁이되어 집으로 돌아가는 길 위의 전철이나 자가용 안은 만족감이 가득했고 가족 모두가 행복한 모습이었다.

당시 쇼핑이라는 행위는 단순히 생필품을 조달하는 수준을 넘어, 가족들이 함께 즐거운 경험을 하며 정을 쌓는 엔터테인먼트에 가까웠다. 이처럼 정신적인 만족을 얻는 것 또한 쇼핑이 가진 매력이다.

시대가 변해도 쇼핑을 통해 가슴 한 구석을 가득 채우고자 하는 마음에는 변함이 없다. 제아무리 온라인 쇼핑이 싸더라도 구매 절차가 복잡하거나 시간이 많이 걸린다면, 또는 쇼핑을 통해 재미와 만족을 느낄 수 없다면? 차라리 조금 덜 저렴해도 오프라인 매장을 택하겠다는 사람이 적지 않다. 이들은 가격이 아닌 안심과 신뢰, 그리고 재미와 만족을 원한다. 하지만 이들이 원하는 구매 행위는 현재 국내 시장에서 불가능해지고 있는 추세다.

본래 쇼핑에는 빈틈없는 접객 서비스가 주는 편안함과 친절한 조언에서 오는 기쁨을 느끼는 것처럼 본연의 즐거움이 수반되었지만, 지금 시장은 이런 요소를 포기하고 있다. 그러나 후라코코나 '나나쓰보시 인 큐슈'의 예에서 알 수 있듯이 지금도 소중한 일이라면 품질이나 가격을 타협하지 않는다. 이런 경향은 앞으로도 계속해서 나타날 것이다.

가격 인상의 기술

# 지금이야말로 경영의 핸들을 꺾어야 할 때

지금까지 많은 기업이 소비자를 생각한다는 말을 입에 달고 살았다. 하지만 양질의 상품을 원하거나 쇼핑을 통해 즐거움을 얻고 싶어 하는 소비자들은 사실상 도외시되고 있다. 필자가 모든 경영인들에게 전하려는 말이 있다.

"저가 판매를 부추기는 인터넷 시대의 공포심을 떨쳐내고, 이길 가망이 없는 저가 경쟁은 지금 당장 포기하라."

특히 중소기업은 지금이야말로 가격 인상과 상류층 타깃 사업을 시작할 적기다. 힘든 시절을 버텨온 중소기업이라면 독자적인 기술이나 자신 있는 분야가 하나 쯤은 있을 것이다. 귀중한 기업 자산을 살릴 길은 낮은 곳이 아닌 높은 곳으로 이어짐을 명심하자.

비단 중소기업에 한정된 이야기가 아니다. 대기업도 쇼핑 난민이 되고 있는 상류층을 상대로 사업을 시작할 절호의 타이밍이다. 많은 기업이 이를 깨닫고 양질의 고객이나 부유층으로 타깃을 전환한다면, 기업들의 실적은 조금씩 오르면서 시장이 활성화되어 결국 전반적인 경기도 좋아질 것이다.

# 📋 Key Point

**시장이 양극화된다.**

→ 중산층이 빈곤층으로 추락함과 동시에 기업의 저가 전략이 시작된다.

**저가 전략은 오직 대기업만 가능하다.**

→ 대기업의 목적은 가격 인하 후의 재인상이다.

→ 중소기업은 저가 전쟁에서 승리할 수 없으니 참여해서는안 된다.

**어째서 고가 상품이 잘 팔릴까?**

→ 스스로를 만족시킬 수 있을 만큼 고품질의 좋은 물건만 사려는 소비자가 있다.

→ 소중한 일에는 품질이나 가격을 타협하려고 하지 않는다.

→ '가격 인하=소비자를 위한 일'이라는 생각은 기업의 착각이다.

**인터넷의 등장이 무엇을 바꿨나?**

→ 동일한 상품을 싸게 살 수 있는 방식으로 소비 패턴이 변하면서 저가 경쟁에 불이 붙었다.

→ 교섭 능력을 잃어버린 판매자가 아는 판매 방법은 가격 인하뿐이다.

→ 눈앞의 이익만을 좇게 된다.

→ 한편에서는 인터넷 이탈 현상이 가속화하고 있다.

→ 온라인 쇼핑을 귀찮고 재미없다고 느끼는 소비자층이 있다.

# 2장

# 처음에는
# 가격만 올린다
## 가격 인상이야말로 올바른 경영법이다

이번 장에서는 양질의 고객과 부유층을 대상으로 사업을 시작하기에 앞서, 경영인들이 최선의 실적 회복법이라 맹신하고 있는 '가격 인하'가 얼마나 잘못된 것인지를 살펴보겠다. 그리고 경영 건전화를 위해 '가격 인상'이 반드시 필요한 이유도 같이 설명하겠다.

# '싸게 파는 것이 기업의 본분'이라는 착각

필자는 경영 컨설턴트로서 많은 경영인과 사업가들을 접했다. 그런데 '싸게 파는 것이 기업의 본분'이라는 착각에 단단히 빠진 사람이 많다는 사실을 깨달았다. 정말이지 두 손을 들 수밖에 없었다.

한 비즈니스 플래닝 경영대회에서 심사위원을 맡은 적이 있다. 기업가를 지망하는 학생이나 젊은 사업가가 팀을 이뤄 구상한 사업 모델 중에서 가장 유망한 모델을 선정하는 대회였다. 심사는 필자 외에도 경영학 교수 등이 맡았다. 그런데 수많은 참가자가 '더 저렴한 상품 및 서비스를 제공할 수 있는 시스템 개발'에 관한 모델만을 제시했다. 필자는 물었다.

"어째서 가격을 낮추려고만 하는가? 가격을 낮추면 사회의 전체 수입이 낮아질 것이 분명하고, 앞으로 자네들이 살아가야 할 나라는 더욱 가난해질 텐데, 그래도 괜찮은가?"

그러자 행사장에 있던 참가자들은 망치로 머리를 세게 맞은 것과 같은 놀란 표정을 지었다. 다른 심사위원들마저 분위기에 휩쓸려 "일리가 있다"라는 평론을 하기 시작했다.

장래가 유망한 젊은 인재들은 시기적으로 디플레이션 불황 속에서 태어났고 자랐다. 그 때문인지 사업에 있어서는 가격을 낮추는 모델이야말로 시대적 본분이라 믿는 듯하다.

비단 젊은 세대에 국한된 이야기가 아니다. 40~60대 이상의 현역 CEO 중에도 '싸게 파는 것=기업 노력'이라고 믿는 사람이 많다. 하지만 이는 전적으로 오해다. '가격 인하 예찬론'이 마치 진리처럼 통용되는 지금의 상황이야말로 일본 기업이 당면한 가장 큰 문제점이다.

# 가격 인하는
# '최악의 경영법'

경기가 후퇴 국면에 들어서면 기업들 대부분은 하류층을 타깃으로 한다. 가격을 낮춰서라도 상품(서비스)을 팔고야 말겠다는 이유에서다. 대기업이 이런 움직임을 보이기 시작하자 최근에는 중소기업도 박리다매 모델을 채택하고 있는 추세다.

가격을 낮춘다는 것은 사업이나 취급 상품(서비스)에 대한 자신감이 없다는 증거다. 하지만 현실은 녹록지 않았다. 자사 상품에 대한 강한 자신감을 드러내던 이들조차도 '가격을 낮추지 않으면 팔리지 않는데 별 수 있나'라며 가격 인하에 나서고 있는 실정이다.

정말로 자신이 있다면 어째서 더 비싸게 팔지 않는 걸까? 자신 있는 상품, 서비스를 원하는 가격에 판매할 수 없는 이유가 대체 뭘까?

제대로 경영되는 수많은 기업은 자사 상품에 자신감을 갖고 있다. 그런데도 경기가 나빠지면 가격을 낮추려는 유혹에 넘어가고야 만다. 하지만 단언컨대 가격 인하는 '최악의 경영법'이다.

판매 가격은 100엔, 이익은 30엔인 상품이 있다고 하자. 이 상품의 판매가를 80엔으로 내리면 어떻게 될까? 원가 변동이 없을 경우, 이익은 10엔, 즉 3분의 1로 단숨에 줄어든다. 이익이 3분의 1로 줄었다면 회사 입장에서는 기존 판매량의 3배를 팔아야만 예전과 같은 수준의 이익을 확보할 수 있다. 고객의 숫자를 3배로 늘려야 한다는 것이다.

필요한 고객의 숫자가 늘어났으니 고객 대응을 전담하는 직원의 수도 늘려야 한다. 영업, 판매사원 역시 마찬가지다. 또한 고객의 숫자가 늘어난 만큼 문의사항이나 불만사항이 그만큼 많아질 것이다. 필연적으로 관련 인원이 증가하게 된다.

여기서 그치지 않는다. 손님을 끌어모으기 위한 홍보 비용이 추가적으로 들어가게 된다. 판매량이 늘어나니 재고도 그만큼 더 필요해진다. 제조업의 경우에는 생산 증대를 위한 설비 투자도 해야 한다. 가격을 내리게 되면 단순히 상품당 이익이 줄어들 뿐만 아니라 이처럼 각 부문에서 부담해야 할 비용이 늘어나며 급기야는 회사 전체의 이익을 압박하는 형국이 된다.

# 가격 인하는 전체 산업 구조를 파괴한다

100엔짜리 상품을 80엔으로 낮추면서 기존과 같은 30엔의 이익을 유지하면 되지 않느냐고 묻는 사람들도 있다. 다시 말해, 상품 원가를 종전의 70엔에서 50엔으로 내리는 것이다. 지금부터 이 폭탄 돌리기의 여파가 과연 어디까지 미칠지 살펴보도록 하겠다.

대부분의 경우에 거래처나 하청업체, 전문 기술자 등이 비용 삭감을 강요받으면서 피해를 입게 된다. 또는 원자재의 질을 낮추거나 공정을 축소하고 서비스를 중지하는 등 상품 자체의 가치를 떨어뜨리는 방식을 택하면서 기업 신뢰도까지 하락하는 결과를 초래한다. 실제로 디플레이션 기간 동안 심심찮게 봐온 사례가 아닌가.

원가 절감을 동반한 가격 인하 정책을 택한 기업은 거래처나 하청업체에 매입가를 낮추도록 요구한다. 그 결과, 소위 '하청업체 이지메(괴롭히기)' 현상이 업종을 가리지 않고 나타났다.

이런 상황이 계속되면서 납품 기업의 지나친 요구를 견디지 못한 하청업체가 도산하고 각 분야의 장인, 전문가들이 폐업에 몰리게 되었다. 그래서 전국 어느 업계에서나 하청업체 부족, 전문 인력 부족현상이 일어나게 된 것이다.

건설업계를 한번 보자. 최근 모처럼 경기가 회복되면서 건설 수요가 늘었는데도 도급 인력이 부족해 수주를 못 받고 있는 실정이다. 이대로라면 일본 전역에서 전문가의 씨가 말라버릴 지경이 되었다. 결국 발주업체를 찾지 못한 기업마저 사업에 차질을 빚게 되면서 악순환이 꼬리에 꼬리를 물게 된다.

업계 전체가 하나같이 가격을 낮추기 시작한다면 그 끝에는 '비즈니스 사이클이 무너져 산업 자체가 소멸한다'라는 최악의 시나리오가 기다리고 있을 것이다.

가격 인하 초기에는 고객과 판매량이 모두 늘어나면서 회사에 활기가 감돌지도 모른다. 하지만 일시적인 현상에 지나지 않는다. 그 여파가 돌고 돌아 결국에는 여러분의 기업이 사라지는 결말을 맞이할 것이다.

한편 전통의 소멸은 장기적 안목에서 2류, 3류 국가로의 추락을 의미한다.

# 현장에
# 매달릴 수밖에 없다

가격 인하로 인해 일어나는 가장 큰 문제점은 경영인이 현장에 매달리게 된다는 점이다. 경영인들의 경영 관련 필독서에는 '경영인은 언제나 현장에 있어야 한다'라고 쓰여 있다. 현장 실태와 동떨어진 경영을 경고하는 문구다. 하지만 이는 어디까지나 현장을 정확하게 파악하라는 뜻이지, 현장에 들러붙어 맴돌라는 말이 아니다.

물론 경영인들은 언제나 현장 파악을 위해 촉각을 곤두세우고 있어야 한다. 현장에 가보면 어떤 상품이 팔리고 안 팔리는지, 판매 현황을 정확히 알 수 있다. 이뿐만 아니라 기기의 상태며 직원들의 표정도 읽을 수 있다. 현장을 돌아보면서 고객의 요구사항을 알게 되는 경우도 있다.

하지만 경영인에게 '현장에 있어야 한다'가 최고의 덕목으로 추앙받는 것은 '원래 하던 사업만 잘 굴리면' 기업이 유지되고 발전할 수 있던 시절에나 통하던 이야기다. 시장은 끊임없이 변한다. 시류에 부합하던 사업도 5년, 아니 3년만 지나면 낡아빠진 모델이라고 취급받는 시대다.

성장 곡선이 오르던 시절에는 계속해서 시장이 팽창했으므로 사업 모델이 다소 시류에 뒤쳐져도 그럭저럭 기업을 유지할 수 있었다. 하지만 지금은 다르다. 같은 상품이나 서비스, 같은 사업 모델만을 계속 밀고 나간다면 순식간에 막다른 벽에 부딪히고 만다. 예전에는 기업과 사업 모델이 한 몸처럼 고정되어 있었지만, 지금은 기업과 모델이 별개라고 생각하는 시대다.

'기업의 미래를 만드는 것'이 바로 경영인이 해야 할 본연의 업무다. 경영인이라면 기업의 미래를 만들기 위한 인맥 관리나 자기계발에 많은 시간을 할애해야 한다. 경영인이 현재에 매달려 미래의 초석 쌓는 일을 게을리한다면, 장차 성장 동력이 될 사업은 싹조차 틔울 수 없다(자세한 내용은 7장 참조). 요즘처럼 성장률이 하락하는 시대에는 치명적인 문제다.

가격을 낮춰 고객과 판매량을 늘려야 하는 기업이나 이미 가격을 낮춘 기업에는 일손이 많이 필요하다. 그래서 본업에 충실해야 할 경영자가 현장에 들러붙어 헤어 나오지 못하는 상황이 벌어지게 된다. 경영인이 현장 업무 및 현장 지원에 몰두한 나머지, 현장 밖에서 더 먼곳을 내다보지 못한다면 그 기업에 미래는 없다.

# 올바른 경영법은
# 가격 인상이다

지금까지 가격 인하를 최악의 경영법이라고 부른 이유를 설명했다. 다시 정리하자면, 가격 인하를 하게 되면 기업이 아무리 열심히 일해도 이익은 줄기만 하고 더 나아가 산업 구조 자체가 무너지기 때문이다. 또한 경영인이 본분을 소홀히 하게 되면서 기업의 미래 구상이 불가능해지고 결국 기업이 사라지는 결말에 이르는 것이다.

이런 최악의 사태를 피하는 방법은 간단하다! 거꾸로 생각하면 된다. 바로 가격을 인상하면 그만이다.

"올바른 경영법은 가격 인상이다."

필자가 자문을 맡을 때 제일 먼저 하는 말이다. 가격을 올리면 가격 인하라는 최악의 경영법이 초래할 폐해에서 벗어날 수 있을 뿐만 아니라 단번에 경영 건전화까지 이룰 수 있다.

가격 인하의 폐해를 설명하면서 이익이 30엔인 100엔짜리 상품의 판매가를 80엔으로 낮추는 사례를 들었다. 마찬가지로 이번에는 이익이 30엔인 100엔짜리 상품을 130엔에 판다고 가정해보자.

이 경우에는 앞에서 가격을 인하했을 때처럼 고객 수와 판매량을 올리거나 재고를 늘릴 필요가 없다. 이익이 60엔으로 뛰기 때문에 현상을 유지하기만 해도 수익은 기존의 2배가 된다. 다시 말해, 이익이 2배로 늘었다면 기존에 판매하던 양의 반만 팔아도 된다. 극단적인 표현이지만 엄연한 사실이다. 판매량이 반으로 줄었다고 해도 지금까지와 같은 수준의 이익을 확보할 수 있다.

이 정도만 해도 현상 유지가 가능한데, 판매 가격을 기존의 2배인 200엔으로 올려보자. 이익은 무려 4.3배나 올라 130엔에 달하게 된다. 상품 1개당 이익률도 기존 30%에서 65%로 급증한다. 판매량이 기존의 4분의 1까지 떨어져도 종전과 같은 수익을 유지할 수 있다.

여태 고생이란 고생은 다 하며 판매량을 늘리려고 했는데 4분의 1 정도만 팔리면 된다니…. 이 얼마나 대단한 일인가?

## ⊙ '가격 인하'와 '가격 인상'이 만든 결과

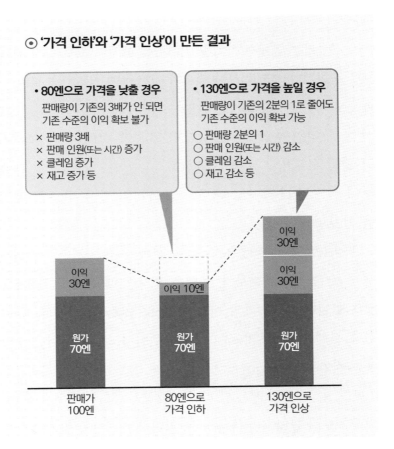

- **80엔으로 가격을 낮출 경우**
  판매량이 기존의 3배가 안 되면
  기존 수준의 이익 확보 불가
  - × 판매량 3배
  - × 판매 인원(또는 시간) 증가
  - × 클레임 증가
  - × 재고 증가 등

- **130엔으로 가격을 높일 경우**
  판매량이 기존의 2분의 1로 줄어도
  기존 수준의 이익 확보 가능
  - ○ 판매량 2분의 1
  - ○ 판매 인원(또는 시간) 감소
  - ○ 클레임 감소
  - ○ 재고 감소 등

이익
30엔

이익 10엔

이익
30엔

이익
30엔

원가
70엔

원가
70엔

원가
70엔

판매가
100엔

80엔으로
가격 인하

130엔으로
가격 인상

기존의 사고방식에서는 고객 수를 늘리는 것을 중시해왔다. 하지만 의도적으로 고객 수를 줄여 판매량을 줄이면 재고도 적어진다. 따라서 이것만으로도 이익을 충분하게 확보할 수 있다. 노동력에도 한결 여유가 생기면서 더 좋은 상품, 서비스를 개발하는 일에 인재들을 투입할 수 있다. 경영인 역시 현장을 벗어나 기업의 미래를 그리는 본연의 업무에 전념할 수 있게 된다!

가격 인상의 기술

지금까지 고객을 늘리는 일에만 몰두해왔다면 발상을 바꿔보자. 의도적으로 고객을 줄이는 것이다. 판매 개수가 줄어드니 재고도 줄일 수 있다. 이것만으로도 충분한 이익을 낼 수 있다.

노동력에도 여유가 생기니 더 좋은 상품과 서비스 개발 분야에 인재를 투입할 수 있고, 경영인은 현장을 벗어나 회사의 미래를 그리는 본연의 업무에 전념할 수 있게 된다. 또한 하청기업이나 전문 인력의 얼굴에 웃음꽃이 피고 산업 전체가 활발해지면서 고객까지 행복해지는 선순환 구조가 완성된다.

누군가는 필자의 주장에 대해 장사나 경영이 그리 쉬운 게 아니라고 할지도 모른다. 하지만 실제로 가격 인상이라는 경영법을 도입해보면, '지금까지 이 고생을 왜 했나?' 싶을 정도로 여러 방면에서 술술 잘 풀리기 시작할 것이다.

# 성공 사례를
# 드러내지 않는다

지금까지 필자는 자문을 맡은 기업 중 90% 이상에 가격을 올리도록 했다. 그 결과, 기업들 대부분의 매출 및 이익이 급격히 상승하며 단번에 경영 건전화를 이뤘다. 기본적으로 가격을 2~3배 인상했고, 한 B2B 기업은 무려 10배 이상을 인상했을 뿐만 아니라 성공적인 결과까지 이끌어냈다(이 책에서는 그 방법을 설명하려고 한다). 거짓말처럼 들리겠지만 모두 실제 있었던 결과다.

이처럼 성공을 거둔 기업의 직원들은 모두 자기 일처럼 기뻐했다. 업무에 긍지를 갖게 되었기 때문이다. 역시 사람은 벌이가 좋아야 일에 보람을 느낄 수 있다는 점이 드러나는 대목이다. 그러니 업무에 긍지와 보람을 갖고 싶다면 상품을 그 가치에 걸맞은 가격에 팔고 제대로 된 이익을 올릴 필요가 있다.

필자는 모든 기업이 적정 금액만큼 판매가를 인상한다면 상대방을 배려하는 여유가 생기고 결과적으로 국가의 경제 부흥으로까지 이어진다고 믿는다. 상품의 가치에 알맞은 가격으로 팔 수 있는 비즈니스가 당연하게 받아들여질 때, 사회 전반이 활성화된다. 성공한 사회에는 이처럼 먼 곳까지 내다볼 수 있는 경영인이 존재한다.

'가격 인상'으로 인해 성공을 거둔 기업이 이토록 많지만 아직도 경제 또는 경영 관련 전문지에서는 '가격 인하'나 '저가 전략'에 관한 주제만을 다루고 있다.

최근에는 가격 인상에 대한 기사도 일부 늘어났지만 대개는 엔저 현상과 그에 따른 원재료 가격 급등으로 인해 하는 수 없이 가격을 올린다는 내용이다. 경영 전략 중 하나로 '가격 인상'을 실시한 기업을 다룬 기사는 눈 씻고 찾아봐도 없을 정도다. 그 이유는 가격 인상으로 성공을 거둔 기업은 이 사실을 겉으로 드러내지 않기 때문이다. 아무도 가격을 올려서 성공을 거뒀다고 말하지 않는다. 그래서 아무리 주변을 돌아봐도 모두가 가격을 낮추고 있는 것처럼 보인다. 그러나 정말 제대로 성공을 거둔 기업은 '가격 인상'이나 '비싸게 파는 전략'을 지향하고 있다.

# B2B, B2C에서도
# 가격 인상은 가능하다

자문을 담당한 기업의 CEO에게 "가격을 올려야 한다"라고 조언하면, 처음에는 모두 "지금 가격으로 팔아도 힘든데 비싸면 더 안 팔리지 않겠나?"라는 답이 돌아온다. 그러다가 내부 회의를 거치면 B2C 관련 기업은 "저렇게까지 말하는데 속는 셈 치고 믿어보자"라는 생각으로 필자의 조언을 받아들인다. 하지만 B2B 관련 기업은 끝내 받아들이지 않는다.

일반적으로 B2C에서는 가격 인상이 쉽지만 B2B에서는 어렵다고 생각한다. '소비자를 상대하는 사업이라면 실제 구매 여부는 차치해도 판매자가 임의로 가격을 올릴 수 있지만 기업 간 거래에서는 상대 기업의 사업에도 파장이 미칠 수 있으므로 그리 간단한 문제가 아니다', '그동안 상호 협력을 위해 최대한으로 원가를 절감했기 때문에 그리 간단하게 협력관계를 무너뜨릴 수는 없다' 등의 이유가 있을 것이다.

실제로 수많은 CEO들이 B2B에서는 가격 인상이 불가능하다는 점 때문에 고민하고 있다. 그러나 필자의 경험상, 이론과 방법만 안다면 오히려 B2B에서 가격을 인상하는 것이 더 쉬웠다.

**60**

# 가격을 10배로
# 올린 기업

필자가 자문하는 기업 중에 특정 분야의 제품 성능을 평가해주는 업체가 있다. 주 고객은 대기업이다. 그런데 기존 금액의 10배로 가격을 인상한 결과, 고객의 주문이 쇄도하면서 문전성시를 이뤘다고 한다.

과거 이 업체는 비용 절감 요구에 맞춰 항목당 달랑 수십만 엔에 평가 서비스를 제공했었다. 반드시 해야 할 검사도 기업의 요구에 의해 건너뛴 경우가 많았다. 그러나 지금은 필요한 모든 시험을 제안해 수백만 엔에서 많게는 1,000만 엔 단위의 주문을 받고 있다.

어떻게 이런 일이 가능했을까? 제품이 제대로 된 성능 평가를 받았을 때 시장 평가가 올라감은 물론, 타사 제품에 비해 비싸게 팔 수 있다는 사실을 기업 측이 제대로 이해하고 있기 때문이다.

음료업계의 특정보건용식품(혈압이나 혈중 콜레스테롤을 조절하는 등의 보건 효과가 있음을 제품 겉면에 표시할 수 있도록 소비자청의 허가를 얻은 식품, 이하 '특보')을 예로 들면 이해하기 쉽다. 그동안 음료업계에서는 연이어 대박상품이 등장했고, 지금도 슈퍼마켓이나 편의점 등에서 꾸준하게 판매되고 있다. 그런데 특보 음료의 심사 기준은 매우 까다롭다. 인가를 얻는 데에만 약 1억 엔의 비용이 소요된다. 그런데도 각 기업이 특보 음료 인가에 목을 매는 까닭은 상품 겉면에 '특보' 마크가 붙기만 해도 매출이 압도적으로 늘어나기 때문이다. 특보 인가로 인해 얻게 될 매출에 비하면 1억 엔 정도는 껌값인 셈이다.

마찬가지로 생활에 꼭 필요한 기능이 들어간 제품에 정확한 검사 데이터와 성능 평가가 더해진다면, 그만큼 매출이 오른다는 사실을 각 기업의 실적이 뒷받침해줬다. 이를 바탕으로 각 업체에 성능 평가가 가져올 매출 향상 효과에 대한 재검토를 부탁해서 5~10배 이상 올랐다는 결과를 얻었다. 이처럼 상품 및 서비스의 설명, 제안 방법을 바꾸는 것만으로 B2B에서도 가격을 올릴 수 있다. 고객의 선별 기준이나 교섭 방법에 대해서는 6장에서 자세히 설명하도록 하겠지만, 요컨대 B2B에서도 가격 인상은 가능하며, 오히려 간단하기까지 하다.

물론 세상에는 오직 저렴한 가격만을 요구하는 기업도 존재한다. 이런 기업은 가격을 인상하기가 매우 어렵다. 기존 거래처가 전부 이런 류의 기업이라면 가격을 인상한다는 발상 자체가 힘들다. 하지만 자사의 상품이나 서비스를 마냥 싸게 팔지 않겠다는 의향을 가진 기업도 많으므로 타깃을 바꿔 접근해보는 방식도 괜찮다. 실제로 필자의 자문에 따라 고객을 전부 바꿔서 가격을 거듭 인상하는 데 성공한 기업도 있었다.

자사가 제공하는 상품이나 서비스가 거래처에 얼마만큼의 도움이 될까? 그 가치를 쌍방이 납득할 수만 있다면 10배의 가격 인상도 결코 어렵지 않다. 상황에 따라서는 그 이상도 가능하다.

# 신뢰가 쌓여
# 수주가 늘어난 운송회사

필자의 저서 중에 《영업사원이라면 거절하는 법을 외워라!》가 있다. 이 책에서는 고객에게 머리를 숙여가며 억지로 맞출 필요 없이, 고객을 직접 고르는 '거절을 통한 영업 성공법'을 강조하고 있다. 또한 사내에 구축해야 할 '거절 가능한 시스템'에 대해서도 설명했으며, 그 어떤 저서보다 오랫동안 사랑받고 있다. 디플레이션 불황이 한창이던 시절에 출간되었는데, 필자는 그때도 '가격은 내리기보다 올려야 한다'라고 주장했다.

"가격이 비싸서 안 팔린다."

영업사원의 흔한 핑계에 대해 필자는 차라리 "같은 상품이지만 우리 회사에서 파는 게 더 비쌉니다"라고 당당히 말할 수 있는 강경한 영업 스타일을 추천한다. 이를 참고해서 가격을 내리지 않고 비싸게 파는 비즈니스 방식을 직접 실행한 사람들이나 기업으로부터 성과를 얻었다는 후기를 수도 없이 접했다. 그중 한 업체를 소개하고자 한다.

덤핑경쟁이라는 덫에 빠져 도산 직전의 상황까지 내몰렸던 운송회사가 있다. 견적을 낼 때마다 여러 업체에 의뢰하는 고객사에 매번 "다른 업체는 더 싸게 해주는데…"라는 말과 함께 최대한 가격을 낮춰줄 것을 거듭 요구받은 탓이었다. 그러나 수익은커녕 적자가 쌓이는 의뢰만 들어오면서 더 이상은 경쟁사의 가격에 맞추기 힘들어졌고, 회사가 망하기 직전의 상황까지 오게 되었다.

여러 업체를 돌며 간을 보는 고객사에 끌려다니지 않고 "타 업체의 가격에 맞추기는 현실적으로 어렵다. 주문 건을 완벽하게 처리하고 싶으니 이 가격 밑으로는 수주 못 한다"라고 말할 수 있게 된 것도 이 무렵이었다. 정당한 이익을 낼 수 있는 액수를 당당히 제시하기로 한 것이다.

그 결과, 한동안은 더 싼 견적을 낸 경쟁사에 고객사를 잃었지만 얼마 지나지 않아 "다른 곳보다 비싸긴 해도 맡기겠다"라는 고객사가 나타났다. 고객사로부터 다음과 같은 말도 듣게 되었다.

"다른 업체가 싸긴 싸지만, 작업 결과는 엉성하고 연락이나 보고도 느려 넌더리가 납니다. 다시는 그런 업체를 이용하고 싶지 않아 가장 높은 가격을 제시한 귀사를 다시 찾게 되었습니다."

"가격이 높은 만큼 제대로 작업해주니 안심할 수 있습니다."

값이 싼 대신 작업을 대충하는 운송업체에 질린 고객사들이 제대로 믿고 맡길 수 있는 기업을 찾아 돌아온 것이다.

서비스 수준을 낮추지 않으면서 충분한 수익까지 내려고 하니 타 업체보다 훨씬 높은 요금이 책정될 수밖에 없었다. 하지만 결과를 놓고 봤을 때 고객사들은 이 결정을 반겼다. 해당 기업은 도산 위기에 내몰렸던 실적을 극적으로 회복시킬 수 있었다고 한다. 대표가 진심으로 고마움을 표하며 친필 편지를 건네줬던 일이 아직도 기억에 생생하다.

가격 인상의 기술

# 품절사태에도
# 물량을 늘리지 않는다

이번에는 염장 다시마, 가다랑어 다시마 등 홋카이도 남부의 천연 다시마 가공품을 판매하는 200년 전통기업인 칸소(1781년 창업)의 사례를 보자.

칸소는 직영점 외에도 전국 백화점 식품코너에 매장을 보유하고 있는데, 특이하게도 어떤 점포든 하루 동안 판매할 수량이 미리 정해져 있다. 덕분에 매일 품절 사태를 빚고 있지만 정해진 수량만 판다는 원칙을 굽히지 않았다.

칸소의 상품은 타 업체에 비해 비싸지만 팬층이 두터운 탓에 매장은 늘 붐빈다. 그런데 이곳에서는 하루 판매수량이 모두 팔리면 곧바로 품절 팻말을 걸어버린다. 영업시간이 끝나지 않았다 해도 예외는 없다. 일부러 사러 왔는데 어떻게 안 되겠냐며 고객이 성화를 부려도 굽히는 법이 없다. 다음 날 일찍 오면 살 수 있냐는 문의에도 그날그날 판매 상황에 따라 다르다는 답이 돌아올 뿐이다. 예약도 일체 받지 않는다. 하루 물량이 모두 소진되기 전에 점포를 찾은 사람만이 칸소의 제품을 살 수 있는 것이다.

대체 왜 이렇게까지 판매수량을 엄격히 제한하는 걸까? 칸소 측에서는 '수량을 늘리면 품질이 떨어지기 때문'이라고 한다.

입점매장을 관리하는 백화점에서 "품절만큼은 막아달라"는 요구를 하는데도 칸소는 판매 스타일을 완고히 관철해왔다. 이런 태도가 오히려 고객의 지지를 얻었고, 폐점을 앞둔 한 백화점에서 유일하게 칸소의 매장에만 긴 줄이 늘어설 정도로 큰 사랑을 받게 되었다.

손쉽게 살 수 없는 제품은 그래서 더욱 가치 있다. 이것이 브랜드의 가치 향상으로 이어지면서 칸소의 제품은 가장 소중한 사람에게 보내는 선물로 자리 잡게 되었다. 이처럼 마냥 고객에 굽히려 하지 않는 태도가 지금의 칸소의 전설을 만들었다고 볼 수 있다.

# 가치에 걸맞은 금액으로
# 판매하라

가격을 인상하고 비싸게 판매하는 행위가 고객에 대한 기만, 배신이라는 생각을 떨쳐낼 수 없을 것이다. 그러나 그 사고방식에 문제가 있다.

'가격 인상'에 거리낌이나 불안함을 느낀다면 먼저 이 점을 알아두자. 이 책에서 말하는 '가격 인상'이란 '가치에 걸맞은 금액에 판매하라'는 뜻임을 말이다.

지금 수많은 기업은 디플레이션 불황 속에서 가격 인하, 할인, 염가 판매 등을 남발하고 있다. 판매 상품이나 서비스를 실제 가치보다 훨씬 낮은 가격에 팔고 있는 것이다. 이를 본래 가격으로 되돌리자는 것이 필자가 말하는 '가격 인상'의 진짜 의도다.

운송회사나 다시마업체의 사례에서 본 것처럼, 낮은 가격은 곧 품질과 서비스가 그만큼 나쁘다는 증거가 된다. 반대로 가격이 비싸다는 것은 좋은 품질, 서비스를 보증하는 셈이다. 그러므로 제품의 가치에 걸맞게 가격을 책정한다면, 그 가격이 타 업체보다 비싸다고 해도 고객의 입장에서는 안심하고 믿을 수 있는 것이다.

상품이나 서비스의 가격에는 장차 사원을 고용 또는 교육하고, 장비를 유지·보수하거나 새로 바꾸고, 사무실을 단장하는 등의 미래를 대비한 비용이 포함되어 있어야 한다. 이것이 본래의 '적정 가격'이다. 만일 이것을 절감하면 인원을 고용할 수도, 낡고 고장이 난 장비를 새것으로 대체할 수도 없다. 제대로 된 미래 구상이 어려워지는 것이다. 이대로라면 조만간 서비스 및 상품 품질이 떨어질게 뻔하지 않은가?

그러므로 가격에는 상품 및 서비스 품질을 유지·향상시키고, 미래에 고객이 바라는 가치를 계속해서 지킬 수 있을 만큼의 이익이 반드시 들어가야 한다. 싸서 구매하는 고객은 가격만을 따져 상품을 선택하므로 기업을 오래도록 지탱하고 아껴줄 고객이 아니다. 반면, 비싼 가격에도 불구하고 선뜻 구매하는 고객은 기업이 제공하는 가치를 보고 상품을 선택한다고 볼 수 있다. 이들이야말로 여러분들의 기업을 떠받쳐줄 '양질의 고객'이자 장차 우호적인 관계를 쌓을 수 있는 '기대되는 고객'이다.

가격 인상의 기술

# 처음에는
# '가격'만을 올린다

'가격을 인상해서 종전보다 비싸게 팔라'는 상품 및 서비스의 가치에 걸맞은 금액에 판매하라는 말이다. 단, 가격 인상의 과정에서 주의할 점이 있다. 처음 단계에서는 상품, 서비스의 품질을 개선하거나 새롭게 내용을 추가하는 행위를 되도록 삼가야 한다는 것이다.

가격 인상의 방법은 다음 장에서 케이스 스터디 방식으로 자세하게 설명하겠지만, 우선 앞의 문장을 기억해두기 바란다. 초기 단계에는 기존에 팔리던 상품, 서비스 내용에 손을 대지 않고 그대로 팔되, 설명을 바꿔 가격만을 올리는 것이 가격 인상의 기본이자 대원칙이다. 이때 기본 취지는 상품이 지닌 가치에 맞게 금액을 올리는 것이므로, '가격만 올리기엔 송구하다'거나 '같은 상품을 가격만 바꿔 팔면 누가 사겠나'라는 식의 사고방식은 버린다.

애당초 고객들이 상품의 본래 가치를 알지 못했기 때문에 싼 가격에 팔 수밖에 없었던 것이다. 그렇다면 생각을 180도 바꿔서 기업이 마땅히 주장해야 할 바를 거리낌 없이 설명하고 설득하면 해결될 문제다.

가격 인상의 초기 단계에는 상품가치에 합당한 금액을 되찾는데 그 목적이 있으므로, 금액을 올렸다고 해서 뭔가를 더하거나 보충할 필요는 없다. 지나치게 저렴했던 기존 가격을 정당한 값으로 되돌리는 것만으로도 충분하다.

이 맥락을 이해하고 수용하기까지 많은 시간이 걸리거나 끝내 받아들이지 못하는 경우도 많았다. 경영인들이 '가격은 내려야 한다'라는 사고방식에 지배당하고 있다는 증거이기도 하다.

가격을 올려 충분한 수익을 만들어서 일단 경영을 건전화시킨 다음, 더욱 질 좋은 상품을 개발하고 서비스를 확충하려는 노력을 기울이자. 이를 통해 더욱 사랑받는 기업을 목표로 한다면 진정한 고객 환원을 달성할 수 있을 것이다.

\*

이번 장에서는 가격 인하나 염가 판매가 가진 폐해와 반대로 가격 인상이 가져올 긍정적인 변화에 대해 설명했다.

가격 인하는 기업 실적에 큰 데미지(damage)를 입힐 뿐만 아니라, 산업 그 자체를 무너뜨리는 악순환 구조를 유발할 가능성이 있다. 이와는 정반대로 가격 인상은 경영 건전화에 기여하는 데 그치지 않고 산업이나 사회 전반에 선순환 구조를 불러

올 수 있다.

가격 인하는 최악의 경영법이며 가격 인상이야말로 올바른 경영법이라는 점을 제대로 이해했는가? 그렇다면 이제 다음 장으로 넘어가자.

# 📋 Key Point

## 싸게 판다고 옳은 것일까?
→ '염가 판매=기업 노력'이라는 생각은 착각이다. 가격 인하는 최악의 경영법이다.

## 가격을 낮추면 어떻게 될까?
→ 산업 구조 전체가 무너진다.
→ 하청업체가 부담을 떠안게 되고 품질이 떨어져 신뢰도 역시 동반 하락한다. 그 결과, 하청업체는 도산하고 전문 인력 부족 현상이 일어난다.

## 가격 인하의 가장 큰 문제점은 무엇인가?
→ 경영인이 현장에 매달려 떠날 수 없게 된다. 가격 인상이야말로 올바른 경영법이다.
→ 고객과 판매수량, 재고가 줄어도 종전 수준의 수익을 확보할 수 있다.

## 가격 인상의 목적은 무엇인가?
→ 가치에 걸맞은 가격으로 판매해서 제대로 수익을 올리는 것이다. 검사료를 10배로 올린 성능 평가업체, 가격을 낮추지 않고 고품질 서비스를 유지한 운송회사, 품질 저하를 피하기 위해 소량 판매를 신조로 삼고 있는 전통기업 등이 그렇게 하고 있다.

## 가격 인상은 어떻게 행하면 좋을까?
→ 처음에는 가격만을 올리고, 다른 서비스는 추가하지 않는다.

가격 인상의 기술

# 3장

# '가격'을 올리면 '고객'이 바뀐다

## 비싸게 팔기 위한 최소한의 지식, '소비'와 '가격'

이번 장에서는 소비에 대해 자세하게 이야기한다. 소비에 대한 이해는 가격을 인상할 때 목표 타깃이 될 '양질의 고객'과 '부유층'을 파악하는 데 도움을 줄 것이다. 또한 4장에서 사례를 통해 자세히 살펴볼 가격 인상의 법칙과 실행에 앞서, 상품 및 서비스의 가격 결정 요인에 대해 다루고자 한다. 일반적으로 받아들여지는, 혹은 독자 여러분들이 갖고 있는 가격 개념이 얼마나 왜곡되어 있는지를 스스로 되짚어보며 이번 장을 읽어주길 바란다. 가격을 인상하기에 앞서 먼저 '가치관'과 '사고방식'이 변화하게 될 것이다.

# 소비에는 4가지 종류가 있다

소비자는 어떤 동기와 판단 기준을 가지고 구매할 물건과 구매하지 않을 물건을 구분할까?

먼저 소비의 종류에 대해 생각해보자. 상품 및 서비스를 구입할 때 소비자의 동기와 판단 기준이 되는 각각의 견해, 사고방식의 차이점에 집중해서 살펴보길 바란다. 소비는 크게 4가지로 구분된다.

1. '싸니깐 사는' 소비
2. '비싸니깐 믿고 안심하는' 소비
3. '사물이 아닌 행위를 사는' 소비
4. '나다운 것을 사는' 소비

과거에는 마케팅 및 비즈니스 모델 플래닝 기준으로 소비를 '싸니깐 사는' 소비, '비싸니깐 믿고 안심하는' 소비, '나다운 것을 사는' 소비 등 3가지로 구분했다. 최근에는 '사물이 아닌 행위를 사는' 소비가 두드러지게 나타나고 있다. 따라서 지금 사업을 구상하려고 한다면 소비의 4가지 종류를 확실하게 이해해야 한다.

첫째, '싸니깐 사는' 소비는 저렴한 가격을 가치의 척도로 놓고 판단하는 소비 유형이다. '이 정도면 저렴하네', '다른 곳보다 싸니깐 여기서 사야겠다' 등 합리적인 금액이라는 판단이 곧 구매동기가 된다. 이 유형에서는 원가나 시세, 경쟁사, 경쟁 상품 등의 비교를 통해 파악한 '저렴한 가격', 그 자체가 하나의 가치로 인정되며 상품 및 서비스의 구매동기로 연결된다.

합리적인 금액이라는 판단에 확신이 설수록 구매동기 역시 확실해지기 때문에 조금이라도 더 많이 팔아야 하는 기업의 입장에서는 가격을 인하하려고 노력할 수밖에 없다.

그러나 2장에서도 언급했던 것처럼 판매자가 가격을 낮추기 위해 과도한 비용 절감에 나서는 것은 위험하다. 비용을 지나치게 절감하면 소비자가 정말 원하는 가치마저 없애는 사태가 발생할 수 있기 때문이다. 더 나아가서는 '싼게 비지떡'인 상품으로 넘쳐나는 시장이 형성될 수도 있다. 다시 말해, 온·오프라인에 온갖 상품이 넘치지만 정작 소비자가 사고 싶은 물건은 하나도 없는 상황이 일어날 수 있다. 실제로 많은 기업이 '싸면 팔린다'라는 가설을 맹신해서 상품 및 서비스를 마구 찍어낸 결과, 소비자들은 '살 물건이라곤 없는' 아이러니한 현실에 내몰리게 되었다.

둘째, '비싸니깐 믿고 안심하는' 소비는 '싸니깐 사는' 소비와는 정반대의 유형이다. 이 유형에서 저렴한 가격은 소비의 기준이 아니며 오히려 '제법 가격대가 있으니 제대로 된 물건일 것이고 나중에 문제가 생겨도 잘 처리해줄 테니 안심이 된다'라는 생각이 구매 여부를 결정짓는다.

예를 들어, 저가 가구점에서 파는 가구와 오랜 역사를 지닌 가구점의 결코 싸지만은 않은 가구를 비교해보자. 이들은 먼저 품질이나 내구성 등을 떠나 수리와 애프터서비스 면에서 현격한 차이를 보일 것이다. 이런 점을 제대로 이해해서 싼 가격에 가치를 두지 않고 오히려 '비싸게 팔리는 상품'을 원하고 선택하는 소비자가 이 유형에 속한다.

이 소비자들은 값비싼 물건, 혹은 상품의 가치에 합당한 가격을 지불하고 사는 것이 결과적으로는 이득일 뿐만 아니라 더 만족스럽다는 점을 잘 이해하고 있다. 상품 및 서비스를 제공하는 기업이 고객을 유도하면서 이해를 돕게 만들기도 한다. 국내 소비자는 대부분 이 유형에 속한다고 봐도 무방하다. 그러나 상품 제공자, 즉 기업이 이를 알아채지 못하고 있는 지금의 상황이 안타까울 따름이다. 이 소비 유형이 시사하는 바는 '싸니깐 팔리는 것이 아니라 비싸니깐 팔린다'라는 것이다. 해석에 따라서는 '가장 높은 가격에 팔면 그 가치가 인정되어 판매가 용이해진다'라고 이해할 수도 있다.

셋째, '사물이 아닌 행위를 사는' 소비는 일상생활에 꼭 필요한 사물을 사는 것이 아니라 삶을 더욱 윤택하게 해줄 체험, 즉 행위를 사는 소비 유형이다. 이 유형은 구입한 사물을 통해 생길 '희귀한 체험'을 중시한다. 최근 들어 이런 유형의 소비자가 늘고 있다. 소비자의 의식이 성숙해지면서 이러한 사고방식이 새롭게 퍼졌다고 볼 수 있다. 사물이 홍수처럼 넘쳐나는 시대에 지친 소비자가 취하는 액션, 혹은 경제가 충족되고 난 다음 단계의 주류 소비라는 관점에서 이 유형을 이해해도 된다.

돈을 사물로 바꾸는 것이 주된 소비 목적이 아니므로, '싸니깐 산다'라는 식의 가치관은 애초에 존재하지 않는다. 또 과거에는 무가치하다고 여겨지던 것에 가치를 부여하거나 괴롭고 힘든 일에 매력을 느끼는 경우도 있다. 이런 감정이 구매동기로 작용하면서 숱한 소비행위가 실제로 일어나고 있는 것이다.

하나의 예로, 최근 CEO들 사이에서 철인 3종 경기가 크게 유행하는 현상을 들 수 있다. 멀쩡한 경영자들이 바쁜 일정 속에서 일부러 시간을 내 체력의 한계에 도전하고 있는 것이다. 또 히메지성(효고현 히메지시에 위치한 성으로 1346년 축성되었고 주요 건축물은 일본의 국보나 중요 문화재로 지정되었으며 1993년 유네스코 세계유산에 등재되었다)의 수리공사를 보러 평소보다 많은 관광객이 몰리는 기현상이 일어나기도 했다.

히메지성은 '백조성'으로도 불리며 예로부터 아름답기로는 둘째가라면 서러운 성으로 손꼽혀왔다. 물론 일본이 자랑하는 관광명소로서 항상 수많은 관광객이 몰렸던 곳이기도 했다. 그러나 2009년 10월부터 2015년 3월까지 천수각 보수공사가 결정되면서 당초 관광객이 감소할 것으로 예상되었다. 그런데 막상 뚜껑을 열어보니 공사가 시작되기 전보다도 더 많은 관광객이 히메지성을 찾았다. 관광객 감소를 점쳤던 관계자들은 매우 놀랐다.

공사기간 중에는 '천공의 백조'라 명명된 천수각을 빙 둘러싼 방호벽 시설에서 천수각 상부 수리작업을 견학할 수 있었다(견학 프로그램은 2011년 3월에 시작되어 2014년 1월에 종료되었다). '지금이 아니면 다시 못 볼 진귀한 체험'이라는 생각에 평소보다 많은 관광객이 몰리면서 이처럼 예상을 뒤엎는 결과가 나온 것이다.

세계적으로, 특히 아시아 신흥국에서 이런 유형의 소비가 늘고 있다. 그러나 새로운 소비의 시대가 열렸는데도 불구하고 이런 변혁을 제대로 감지하지 못하는 기업이 너무나 많다는 사실이 아쉬울 따름이다. 최근 국내 시장에서 좌절한 일부 기업들이 새로운 시장을 모색하려고 아시아로 눈을 돌리는 경우가 많다.

그러나 소비 스타일의 변화를 파악하지 못한다면, 결과는 국내 시장과 크게 다르지 않을 것이다.

기억하자. 아시아 신흥국이 좇고 있는 것은 '과거의 일본'이 아닌 '현재의 일본'이다. 소비문화의 최첨단을 달리고 있는 일본에서 활동하는 기업인이라면, 장차 세계적인 주류로 떠오르게 될 이 소비현상을 철저하게 연구하고 대비해 앞으로의 사업에 새로운 길을 열 수 있어야 한다.

넷째, '나다운 것을 사는' 소비는 단순히 상품, 서비스를 구매하는 것이 아니라 삶의 방식이나 가치관에 투자하는 행위를 의미한다. 원래 부유층에서 나타났으나 최근에는 일반 소비자층에서도 쉽게 찾아볼 수 있게 되었다.

이런 유형의 소비자들에게는 고가의 상품이 팔리는 것은 기본이요, 아예 '가격이 높을수록 더 잘 팔리는' 경향마저 엿보인다. 세계에 하나밖에 없는 상품이 있다고 치자. 비싸면 비쌀수록 더 금방 팔릴 것이다.

이 소비 유형의 고객에게 상품 및 서비스를 제공할 때에는 원가나 이익률 등 판매자의 이해득실이 아닌, '고객이 지불할 수 있는 금액 한계선'에서 가격이 결정됨을 반드시 명심해야 한다. 따라서 판매자의 가치관을 강요하지 말자. 가격에 상한선이란 없다는 사고방식을 갖고 판매에 임하는 것이 무엇보다 중요하다.

또 하나의 특징은 '자신만의 세계'를 구축한다는 것이다. 좋아하는 가게나 장소를 두고 계속해서 찾는 경향이 매우 강하다. 일용품이나 평소 주변에 두는 소장품 하나조차도 스스로의 삶의 방식이나 가치관, 감성에 맞는 '나다운 것'으로 도배해야 직성이 풀리는 것이다. '물건과 자신을 동화'하는 특징이 있어서 물건이 조금이라도 더러워지거나 상처를 입으면 곧바로 수리를 맡기기도 한다.

원래 이런 소비 패턴은 부유층의 전유물과도 같았다. 그러나 요즘 부유층 소비자들을 곤란하게 만드는 사태가 벌어지고 있는데, 바로 단골 가게나 애용하는 서비스가 자꾸만 사라지고 있는 것이다.

우상향이었던 소비 곡선이 우하향을 그리게 되면서 기업들 대부분이 저가 경쟁에 뛰어들었다. 그 결과, 1류 셰프나 소믈리에와 대화를 즐길 수 있었던 고급 레스토랑은 문을 닫았으며 장인이 심혈을 기울여 만들던 애용품은 더 이상 살 수도, 수리받을 수도 없게 되었다.

고급스럽고 차분하던 단골 피부 관리실이 소란스러워지고 서비스 품질마저 떨어졌다면? 자주 찾던 오래된 료칸(일본의 전통적인 숙박시설로 휴양지나 온천 지역에 있음)이 다른 곳에 넘어가 평소 친분이 있었던 직원들이 모두 바뀌었다면? 또는 지금

가격 인상의 기술

까지 단골고객이라는 이유로 특별대접을 받던 곳에서 다른 고객과 같은 취급을 받게 되었다면? 당연히 불만이 터져 나올 수밖에 없다.

그들 입장에서는 '내가 아끼던 가게, 서비스를 돌려달라', '돈이라면 얼마든지 더 낼 테니 제대로 된 상품, 서비스를 제공해달라'며 진심으로 소리치고 싶을 지경일지도 모른다. 실제로 필자는 불만과 난처함이 뒤섞인 이들의 볼멘소리를 밥 먹듯이 듣고 있다.

상품과 서비스를 높은 가격에 팔기에 앞서, 지금까지 그 대상이 될 소비의 4가지 유형에 대해 소개했다. 사실 이러한 소비 유형은 각각 독립되거나 단절적으로 존재하는 것이 아니라 한 소비자 안에 공존하고 교차하며 구매를 촉구한다.

만약 자사가 제공하는 상품이나 서비스에 가치가 있다고 생각한다면, 지금 소개한 소비 유형을 반드시 이해해두길 바란다. 이를 바탕으로 고객 만족도를 향상시키고 수익을 내는 경영 방향성을 잡아야 한다. 그리고 고객들이 스스로 만족할 만한 가격에 상품 및 서비스를 살 수 있는 사업을 만들어라.

# 접근하기
# 나름이다

일본인은 누구나가 부유층과 같은 방식으로 물건을 사는 경향이 있다. 일본은 전 세계에서 가장 잘사는 나라 중 하나다. 유럽이나 일부 아시아 국가와 달리 계급에 대한 사회적 성격이 전혀 없기 때문에 이런 경향이 나타나는 것으로 보인다.

앞에서 지금 일본 사회 내 경제적 격차가 벌어지고 있으며 국민 개개인의 소득수준이 양극화되고 있음을 말했다. 그런데도 부유층이 아니면서 때와 상황에 따라 '싼 것보다는 비싼 것'을 고르고 '사물보다는 행위'를 산다. 일본인의 또 다른 소비 패턴으로는 부유층처럼 '나다운 것'을 사는 경향이 있음을 들 수 있다.

같은 소비자라도 접근 방식에 따라서 저렴해야만 사는 소비 방식을 취하기도 하고, 반대로 가격 외에 다른 요소를 구매 기준으로 정할 수도 있다. 동일한 고객이라도 접근 방식에 따라 부유층이 될 수도, 서민이 될 수도 있다는 것이다. 다시 말해, 모든 일본인은 나름대로 부유하며 기업의 접근 방식에 따라 스스로의 소비 방식을 결정한다.

이처럼 서민조차도 상당한 자산을 축적하고 있는 나라에서 사업을 전개할 것이라면, 기업들도 상품이 높은 가격에 팔릴 수 있다는 가능성을 열어둬야 한다.

사람들은 저마다 신념과 생활 방식이 다르다. 비좁은 아파트에 살면서도 고급 차를 타는 사람이 있는가 하면, 몸치장에 돈을 아끼지 않는 사람도 많지 않은가. 그러니 '싸지 않으면 팔리지 않을 것'이라는 착각은 일본 소비자를 과소평가한 것이라고도 볼 수 있다. 이제는 그런 착각을 제발 버려주길 바란다.

# 5,400엔짜리
# 도시락이 팔리다

언젠가 TV에서 '누구나 부유층처럼 소비하는 경향'을 극단적으로 보여주는 사례를 봤다. 한 수제 도시락 가게를 배경으로, 5,400엔*짜리 초호화 김 도시락이 팔릴지의 여부를 실험하는 내용이었다. 원래 그 가게에서 팔던 김 도시락이 320엔이었으니 무려 17배나 가격을 올린 것이다. 참고로 도시락 가격이 5,400엔씩이나 했던 이유는 후지TV의 요리 프로그램 〈요리의 철인〉에 나온 제2대 일식철인인 나카무라 고메이가 직접 만든 수제 도시락이었기 때문이다. 도시락 안에는 참돔 튀김, 대하 어묵 등이 들어갔던 걸로 기억하는데 동네 도시락 가게에서 쉽게 볼 수 없는 초호화 도시락이었다. 과연 이 도시락을 사는 사람이 있었을까? 실험 결과, 2시간 만에 준비한 도시락 7개가 모두 완판되었다!

사전에 고급 도시락 판매를 예고해서 평소와 다른 고객층을 불러 모은 것도 아니었다. 몇백 엔짜리 도시락을 사러 온 손님을 타깃으로 카운터 구석에 '나카무라 고메이가 만든 초고급 김 도시락을 5,400엔에 판매!'라는 팝 광고지를 하나 붙였

---

* 5,400엔은 2015년 당시에는 굉장히 고가의 도시락 가격이었습니다.

가격 인상의 기술

을 뿐인데 그 비싼 도시락이 완판된 것이다.

실제로 도시락을 산 고객들에게 구매 이유를 묻자 "한 번쯤은 이런 걸 먹어보고 싶었다"라는 답이 돌아왔다. "일반 김 도시락보다 17배나 비싼데 괜찮냐?"고 물었지만, 역시 전혀 신경 쓰지 않았다.

이 결과에 대해 어떻게 생각하는가? 독자 여러분 중에 아직도 염가 판매를 지향하는 CEO가 있다면, 이 결과를 진지하게 받아들이길 바란다.

왜 이런 소비행위가 일어난 걸까? 그 이유부터 차근 차근 생각해보자. 우선 나카무라 고메이가 직접 만든 도시락이라고 하니 그 문구만으로도 구미가 확 당겨서 5,400엔이지만 먹고 싶다는 생각이 들 것이다. 사실 그 정도 이름이 난 셰프가 만든 도시락이면 1만 엔은 가볍게 넘으니 오히려 저렴하게 느껴진다. 이것만으로도 구매 가치는 충분한 것처럼 보인다.

또 하나, '나카무라 고메이가 만든 김 도시락은 여간 해선 먹을 수 없다'라는 점을 들 수 있다. 그 김 도시락을 먹으면 '그 유명한 나카무라 고메이가 만든 김 도시락을 먹었다. 맛있었다! 무려 5,400엔짜리 도시락!' 등의 글을 트위터 등 SNS에 올릴 수 있고 한동안 누군가와의 대화 주제로 써먹을 수 있다. 동네 도시락 가게에서 '분위기에 휩쓸려 5,400엔짜리 도시락을 사버린나'로부터 '나다운 것'을 발견할 가능성도 있다.

몇백 엔짜리 도시락을 사러 온 사람들이 '비싸니깐 사는' 소비와 '사물이 아닌 행위를 사는' 소비, '나다운 것을 사는' 소비의 유형을 모두 보여준 순간이었다.

5,400엔짜리 김 도시락의 의미는 무엇일까? 서비스 제공자의 고객에 대한 이미지와 그 서비스를 받아들이는 소비자의 사고가 심각하게 달랐음을 의미한다.

잘 안 풀리는 기업이 가진 가장 큰 문제점은 '싸지 않으면 팔리지 않을 것'이라는 고객에 대한 편견이다. 실제로는 공급자가 싸게 팔았기 때문에 소비자는 싸게 살 수밖에 없었던 것이 아닐까? 이처럼 기업 측의 편견이 자승자박이 되어 실적이 오르지 않았을 가능성이 크다고 본다.

지금까지 '양질의 고객'이나 '부유층'의 소비 감각에 대한 이해를 도모하기 위해 소비의 유형을 살펴봤다. 다시 한번 말하지만, 판매자가 고객을 대하는 접근 방식에 따라 고객은 얼마든지 '싸니깐 사는' 소비자가 될 수도, '비싸니깐 사는' 소비자가 될 수도 있음을 알아야 한다.

앞에서 말했던 후라코코의 인형이나 나나쓰보시 인 큐슈의 사례를 떠올려도 알 수 있듯이 상품을 제시하는 방법에 따라 상대방의 소비 방식은 얼마든지 바꿀 수 있다.

가격 인상의 기술

# 가격에
# 합리적 근거는 없다

경제학에서는 '상품 및 서비스의 가격은 수요와 공급의 균형에 의해 결정된다'라고 한다. 그래서 '모든 상품 및 서비스의 가격에는 분명한 이유가 있다'라고 생각하는 사람이 많으나 실제 가격에 합리적 근거는 없다.

정부나 경영인 단체 등이 수요·공급의 균형을 분석해서 기준치를 제시하면 된다는 주장도 있다. 물론 국가 단위로 통계를 내면 수요·공급의 균형에 따른 변화나 경향을 알 수 있다. 그러나 통계치가 모든 기업의 모든 상품 및 서비스의 가격을 결정지을 수 있는가를 따져보면 그건 또 다른 문제다. 현실은 더욱 복잡하기 때문에 통계지표는 결코 가격 결정의 요인이 될 수 없다.

그 증거로 의자라는 하나의 카테고리를 두고 시장 가격 분포를 조사해보면 1,000엔부터 수십만, 수백만 엔짜리 상품까지 존재한다. 단일 상품군 내에도 상당한 가격 차이가 있다.

'우리 회사는 임원진이 회의를 거듭한 끝에 가격을 결정한다. 반드시 뭔가 근거가 있음에 틀림없다'라는 반론을 펼치는 사람도 있을 것이다. 그러나 가격 설정은 각 기업의 전략이나 의도에 따라 얼마든지 바뀐다. 단언컨대 어떤 상품에 어떤 가격을 붙일지는 판매자의 자유다.

# 가격과 가치의
## 애매한 관계

"가격을 판매자가 자유롭게 정할 수 있다고 해도 가치에 맞아야 하는 것이 아닌가?"라고 묻는 사람도 있다. 그 말이 옳다. 가격에는 그 상품이나 서비스의 가치가 제대로 반영되어야 한다.

하지만 독자들을 포함해 많은 소비자는 어떠한가? 좋은 물건을 싸게 사기를 원하지 않는가? 소비자 대부분은 동일한 가치를 가졌다면 싼 편이 좋다고 생각한다.

이런 소비자의 열렬한 바람에 응답하기 위해 기업은 본래 상품이 가진 가치보다 되도록 가격을 낮추려고 노력한다. 이런 노력이 과해지면서 지금 시장은 제 가치보다 가격이 싼 상품들로 넘쳐나고 있다. 그러나 한편에서는 많은 사람이 그 가치를 느끼지 못하는 고가의 상품이 많고, 그 상품을 흔쾌히 사는 사람들도 있다.

이처럼 시장에서 가격과 가치의 관계는 매우 애매하다. 대체 왜 상품 가격과 가치의 관계가 애매해진 걸까? 상품이나 서비스의 가치는 눈으로 바로 측정할 수 없기 때문이다.

가방을 예로 들어보자. 브랜드 로고를 없애면 사람들 대부분은 시장에서 가방들이 어떤 가격대에 팔리는지 맞히지 못한다.

상품이나 서비스의 '가치'는 그때그때 환경이나 상황에 따라 바뀐다. 편의점에서 100엔에 팔리는 볼펜이 해발 2,500미터 산에 있는 오두막에서 300엔에 팔린다면 어떨까? 정말 볼펜이 필요한 사람이라면 '이런 곳에서 볼펜을 살 수 있다니 감사할 따름'이라며 기쁜 마음으로 구매할 것이다.

이렇게까지 극단적인 예를 들지 않아도, 당장 120엔짜리 자판기 음료수가 카페에서 얼음 잔에 담겨 나오는 즉시 300~500엔으로 껑충 뛰는 현상을 누구나 겪어봤을 것이다.

이런 사례들만 봐도 상품 및 서비스 제공자에 의한 가격 책정이 얼마든지 자유롭다는 사실을 알 수 있다. 물론 기업이 만족할 만한 가격을 정한다고 해도 소비자가 가격만큼의 가치를 느끼지 못한다면 상품은 팔리지 않는다. 가격을 높게 책정하고 싶다면, 고객으로 하여금 그만한 가치를 느끼게 하기 위한 연구가 필수적으로 뒷받침되어야 한다. 이때 어떤 가치를 어떤 미디어를 통해 어떤 방식으로 전달할지가 중요한 문제로 대두될 것이다.

어떤가? 가격이라는 놈, 생각보다 복잡하지 않은가?

가격 결정을 할 때 기업들 대부분은 진지하게 생각하지 않고 있다. 주변 상황 등을 바탕으로 경영자가 감에 의존해 결정하고 있는 실정이다.

앞에서 상품이나 서비스 내용을 일체 바꾸지 않고 가격을 인하하거나 인상한 경우, 수익 및 경영 상태가 얼마나 극적인 차이가 날 수 있는지 소개했다. 가격 결정은 이처럼 경영의 근간을 뒤흔들 수 있는 중대한 결정이다. 하지만 분명한 근거나 신념도 없고 미래에 대해 진지한 고민조차 해보지 않았다면, 이는 심히 걱정스러운 상황이다.

가격 결정은 CEO가 행하는 경영 판단 가운데 무엇보다도 중요한 문제라는 점을 분명히 해두고 싶다. 다음은 '가격을 결정짓는 요인'에 대해 살펴보도록 하자.

# 가격을 결정짓는
# 3가지 요인

그렇다면 가격을 결정짓는 것은 무엇일까? 또, 가격 결정의 요인을 어떻게 해석하면 좋을까?

가격 결정을 고려할 때, 일반적으로 다음의 3가지 요인이 작용한다.

**1. 원가를 포함한 비용**

**2. 타 업체와의 비교**

**3. 해당 상품 및 서비스가 갖는 가치**

이 3가지 요인의 비중은 각 기업의 판단에 따라 달라지며, 이익 폭을 얼마나 설정할지는 고위층의 의향에 따라 좌우된다.

예를 들어, 매입 가격이 50엔이고 타 업체가 100엔 전후의 가격으로 판매하고 있는 볼펜을 얼마에 판매할지 결정해야 한다고 해보자. CEO와 직원들은 의식적으로든 무의식적으로든 '비용', '비교', '가치'라는 3가지 요인을 고려한 결과로 금액을 책정한다.

'원가를 포함한 비용', '타 업체와의 비교', '해당 상품 및 서비스가 갖는 가치'라는 3가지 요인에 대해서는 고찰에 고찰을 더해야 한다. 앞에서 말한 볼펜은 1,000엔에 팔아도 아무런 문제가 없다. 제삼자가 강제로 막거나 법률에 저촉되는 일도 없다. 1,000엔짜리 볼펜을 살지 여부는 궁극적으로 고객이 정해야 할 몫이다.

하지만 실제로 1,000엔에 파는 회사는 없다. 왜냐하면 타 업체가 100엔에 팔고 있는 제품을 아무런 연구나 개발없이 1,000엔에 팔면 아무도 사지 않는다는 사실을 쉽게 알 수 있기 때문이다. 그렇다면 어떻게 해야 할까?

· 판매가 1,000엔은 포기하고 100엔에 팔기로 했으나 좀 더 많은 수익을 얻고 싶다. 시장이 다른 타 업체와 협력해 수량을 합산해 매입하면 비용을 절감할 수 있지 않을까?

· 판매가 1,000엔에 팔고 싶다. 경쟁이 없는 시장에서 판매할 방법이 없을까?(앞에서 언급한 오두막의 예가 이에 해당한다)

· 타 업체가 100엔에 파는 것을 1,000엔에 팔아도 고객이 납득할 수 있도록 상품에 우리 기업만의 부가가치를 더할 수는 없을까?

의식적으로든 무의식적으로든 이렇게 생각하게 될 것이다.

이것이 가격을 정하는 프로세스다. 여기서 우리는 '원가를 포함한 비용', '타 업체와의 비교', '해당 상품 및 서비스가 갖는 가치'가 가격을 결정하는 요인으로써 각기 다른 비중으로 작용하고 있는 점을 확인할 수 있다.

참고로 경영 판단에 따라서는 50엔에 매입한 볼펜을 50엔, 혹은 그보다 싼 가격에 적자를 보며 파는 경우도 있다. 신규 고객 모집 등을 이유로 그렇게 하는데, 다른 상품에서 얻은 수익으로 그 적자를 메운다. 이런 경우에도 '비용', '비교', '가치'가 가격을 결정하는 요인으로 작용한다.

'적자를 보고서라도 팔아야 할까?'

답을 내리기는 어렵다. '가격 결정'은 그 깊이가 매우 깊고 결코 일률적이지 않다.

여러분들이 '가격은 타 기업과의 비교, 또는 시장 내 수요와 공급의 균형에 의해 정해지는 것'이라는 사고방식(이는 경제학 이론이 아니다)을 굳게 신봉하고 있다면, 경영자로서의 시야가 매우 좁다는 것을 시인하는 꼴이다. 뒤에서 다시 말하겠지만, 이러한 생각을 가진 사람들은 '같은 상품, 서비스를 고객에 따라 가격을 바꿔 판매해도 무방하다'라는 논리에 상당한 위화감을 느낄 것이다. 부디 지금부터라도 가격에 대한 유연한 사고를 익혔으면 하는 바람이다.

가격에 대한 여러분의 생각이 리셋(reset)될 때, 여러분의 경영 센스는 비약적인 성장을 이룰 것이다.

# 원가는 하나의
# 요인일 뿐이다

가격을 결정짓는 요인인 '원가를 포함한 비용', '타 업체와의 비교', '해당 상품 및 서비스가 갖는 가치'에 대해 좀 더 자세히 알아보자.

우선 '원가를 포함한 비용'에 대한 부분이다. 상품 가격은 원가에 의해 결정된다고 생각하는 사람이 많지만, 꼭 그렇다고 볼 수 없다. 원가율은 제품에 따라 그 폭이 매우 넓으며 생필품이냐, 취미 또는 기호품이냐에 따라 크게 달라진다. 특히 기호품 부문에서는 '브랜드'라는 눈으로 볼 수 없는 가치가 발생하므로 원가는 가격과 사실상 무관해진다. 30만 엔이 넘는 고급 브랜드 정장을 떠올려보자. 원가만 따져보면 다른 정장과 큰 차이가 없는 것이 현실이다. 화장품도 마찬가지다. 이름이 널리 알려진 브랜드 화장품은 고가에 판매되지만 원가를 따져보면 국산 저가 브랜드나 유럽 고급 브랜드나 크게 다르지 않을 것이다. '원가는 가격의 한 요인'이 분명하지만, 그것만으로 가격이 결정되지 않는다.

# 비용 면에서 생각해보는
# '적정 가격'

지금까지 원가와 가격에 대해 이야기했다. 이왕 원가를 다룬 김에 '적정 가격'에 대해서도 살펴보자.

가격 결정의 첫 번째 요인에 '원가를 포함한 비용'을 꼽은 데에는 이유가 있다. 앞서 설명한 것처럼 '원가가 가격을 결정한다'라고 믿는 경영인이 대부분인데도 어째서 필자는 '원가'가 아닌 '비용'을 따지는 걸까? 바로 비용 안에는 매입 원가, 제조 원가 외에도 판매 관리 등 여러 필요경비가 포함되어 있기 때문이다.

'원가'에 국한해서 가격을 결정하면 회사의 장래성마저 사라질 수 있으므로 경영인은 물론 기업 구성원 모두가 잘 알아둬야 할 부분이다.

상품, 서비스를 저렴하게 판매하려고 가격을 낮춘 기업들 대부분은 아무 생각 없이 '비용'이 아니라 '원가'를 기준으로 가격을 정하는 실수를 한다. 그 실수는 자살행위와 같다.

'적정 가격'이란 원가에 부수적인 경비, 앞으로의 발전 향상 도모에 필요할 것으로 예측되는 비용까지 모두 더한 가격을 말

가격 인상의 기술

한다. 발전 향상 도모의 예로는 회사 내 설비 확충이나 유지 보수 비용 등을 들 수 있다. 이런 비용을 미리 확보해두지 않으면 기계가 노후화되고 고장도 잦아진다. 장기적인 관점에서 더욱 질 좋고 편리한 제품을 생산하기 위해서는 연구 개발을 게을리해서는 안 된다. 그뿐만이 아니다. 우수한 인재를 한 명이라도 더 채용하고 교육하는 데 드는 비용도 추가할 필요가 있다.

사무환경 또한 예외가 아니다. 접근성이 좋은 최상의 부지에 외관까지 화려하고 멋들어진 사옥을 짓고 싶다면, 그 비용도 더해야 한다. 노동에 걸맞은 보수가 있어야 직원들도 더욱 신이 나서 일할 수 있을 테니, 급여 증가분도 포함해서 책정하도록 하자.

이처럼 기업의 희망사항과 목표가 모두 들어 있어서 장차 기업의 발전과 사원의 행복을 담보해주는 가격이 '적정 가격'이다.

# 라면 한 그릇의
# 가격을 정해보자

라면 한 그릇에 드는 원가를 산출해보자. 면 외에도 파, 계란, 숙주나물, 죽순 등의 토핑과 국물을 내는 데 드는 비용 등을 합쳐 원가를 계산한다. 그런데 라면 가격에는 앞에서 말한 원가 외에도 모든 제반 경비와 희망수익까지 포함되어야만 한다. 그래야 장사가 되지 않겠나!

그렇기 때문에 적정 가격에는 라면을 만드는 요리사의 인건비와 그를 채용하고 교육하는 데 드는 비용, 가게 임대료, 수도세 등 각종 공공요금 등을 고려해야 한다. 정기적으로 전단지를 만들어 뿌리기 위한 판촉 비용이 더해지면 금상첨화다.

앞서 설명한 내용을 되짚어보면 각종 기기의 수선비용, 그릇이나 젓가락 등의 소모품도 항시 비축해야 한다. 또한 신제품 개발에 드는 연구 개발비, 수년에 한 번 꼴로 해야 하는 인테리어 리모델링 등을 위한 사내 보유금도 일정 수준 모아둘 필요가 있다. 더욱이 청결 유지에 꼭 필요한 매장 청소, 작업복 세탁 비용도 포함시켜야 한다.

이런 모든 제반 비용을 원가에 더해야만 청결한 가게에서 맛있는 라면을 만들 수 있다. 아울러 2호점, 3호점을 내는 등 사업을 발전시켜 나가기 위한 비전도 구상할 수 있다. 이것이 라면 한 그릇의 '적정 가격'이다.

원가나 인건비 외에도 이 많은 비용을 해결할 만큼 충분한 수익이 나오지 않으면 가게는 노후화되고 맛은 퇴보할 것이다. 게다가 낡은 설비 탓에 청소가 힘들어지면서 위생 상태마저 악화될 가능성이 있다. 고객이 줄어들 것은 뻔하다. 이렇게 되면 맛있는 라면을 오랫동안 만들고 싶어도 만들 수가 없다.

이 책에서는 가격 인상의 필요성을 다각도에서 알려주고 있다. 가격을 낮추게 될 경우, 앞에서 설명한 것과는 정반대로 미래에 필요한 발전요소를 하나둘씩 포기해야 한다. 그 결과, 앞으로의 발전여지를 잃어버리게 될 것이다. 절대로 안이하게 결정해서는 안 되는 이유다.

지금까지 가격 결정의 요인인 '원가를 포함한 비용'에 대해서 설명했다. '비용'에 대한 이해는 얼마나 중요할까? 또 가격 결정에 있어 어떤 의미를 가질까? 비용에 대한 이해는 '절대 그 가격 밑으로 팔아서는 안 되는' 최저 가격에 대한 이해를 뜻한다는 데에 바로 그 해답이 있다. 이 최저 가격을 마지노선으로 잡고 실제 판매가를 검토하는 것이 올바른 경영 방식이자 가격 결정의 방법이다.

앞의 볼펜 사례처럼 마케팅의 이유로 최저 가격보다 낮게 파는 전략도 존재하지만, 이 역시도 최저 가격에 대한 이해를 전제로 하고 있다는 점에 주목해야 한다.

# 타 업체와의
# 비교를 통해 정해진다?

자사 상품 및 서비스 가격을 책정할 때에는 아무래도 타 업체의 가격이 신경 쓰일 수밖에 없다. 아무리 기업 나름의 방침이 있다고 해도, 비슷한 상품이나 서비스를 판매하는 다른 기업이 존재한다면 이야기는 달라진다. 요컨대 가격이란, 끊임없이 '타 업체와 비교'되는 항목이므로 비슷하거나 (후발주자의 경우) 더 낮은 금액에 가격을 책정해야 한다는 생각에 빠지기 쉽다. 가격 결정 요소로써 '타 업체와의 비교'는 어떤 식으로 작용하고, 또 어떤 식으로 활용하면 좋을지에 대한 해답을 고민해보도록 하자.

'타 업체와의 비교'는 앞에서 말했던 소비의 4가지 종류를 제대로 이해하지 못하면 단순히 가격을 내려야 하는 요인으로 받아들여질 위험성이 있다. 따라서 이제부터 설명할 가격 '비교' 결정법 항목에 대해서는 집중해서 읽어주기 바란다.

먼저 가격을 결정짓는 각 요인의 중요도 면에서 '타 업체와의 비교'는 '원가를 포함한 비용'보다 훨씬 더 중요하다. 순서를 매기면 다음과 같다.

가격 인상의 기술

## 해당 상품 및 서비스가 갖는 가치 > 타 업체와의 비교 > 원가를 포함한 비용

'비교'는 '가치'와 '비용'의 중간에 위치한다.

'원가를 포함한 비용'이 가장 덜 중요한 이유는 무엇일까? '원가를 포함한 비용'을 잘못 책정하면 장기적으로 큰 손해를 볼 수 있고 기업의 미래가 송두리째 사라질 염려도 있으므로 반드시 신중하게 생각해야 한다고 말했다. 그러나 '비용'은 가격 결정에 있어서 '최소한의 기준'에 지나지 않으므로 중요도는 낮은 편이다. '최소한의 기준'을 바탕으로 '비교'나 '가치'를 검토해서 실제 판매 이익을 결정짓게 되므로, '비용'보다는 다른 두 요인이 가격 결정에서 더 높은 비중을 차지하게 된다.

예를 들어, '원가를 포함한 비용'을 검토해서 이익을 낼 수 있는 최소한의 금액을 도출했다고 하자. 이미 시장에 그 가격을 훌쩍 뛰어넘는 가격에 상품 및 서비스를 판매 중인 회사가 있다면, '원가를 포함한 비용'에서 산출한 금액보다 높은 타 업체의 가격을 기준으로 판매가를 고려하고 결정하게 된다. 이미 시장의 고객들은 타 업체가 책정한 높은 금액을 표준 가격이라 인식하고 있으므로 같은 가격에 판매해도 팔릴 것이며, 기업 입장에서는 상당한 이익을 올릴 수 있다. 타 업체의 존재가 고마울 따름이다.

반대로 시장을 선점한 타 업체가 저가에 제공 중이라면 나름 브랜드화 등을 진행해서 타 업체의 가격을 기준 삼아 더 높은 수준의 상품과 서비스를 판매하는 식으로 가격을 올려서 설정할 수 있다.

이때 '싸니깐 사는' 소비와 마찬가지로 '비싸니깐 사는' 소비도 존재한다는 사실을 인지하고 있어야 한다. '비교'할 수 있는 대상의 존재는 이처럼 가격 결정 단계에서 너무나 중요하고 고맙기까지 한 요소로 작용한다.

# 최악의
# 한 수

    '타 업체와의 비교'에서는 그 '비교' 끝에 결국 어떤 가격을 책정할지가 중요한데, 이때 기업이 둘 수 있는 최악의 수는 타 업체보다 싸게 팔기로 결정하는 것이다. 안이한 선택이 아닐 수 없다. '싸게 팔아야만 팔린다'거나 '가격을 낮추는 것이 소비자를 위한 일'이라는 식의 사고방식에서 나온 경영자의 판단 착오라고도 할 수 있다. 이런 선택은 명확한 전략이 있는 경우가 아니면 잘못된 선택에 지나지 않는다. '비교'는 자사 상품 및 서비스의 시장 내 위상을 판단하는 척도이며, 비싸게 팔기 위한 요소라고 생각해야 한다.

    소비자의 구매동기와 행동, 그에 걸맞은 가격을 매트릭스 형태로 배열해서 소비를 도식화해보면 더욱 이해하기 쉽다. 시장에는 싼 가격을 추구하는 소비자뿐만 아니라 비싸니깐 사는 소비자도 존재하며 자기 자신을 표현하고 싶다는 욕구 등 가지각색의 이유와 동기를 가진 소비자도 있다는 것을 다시 한번 짚고 넘어가자.

# 높은 가격 설정으로
# 이목을 끈 전략

가격 결정의 요인 중 하나인 '타 업체와의 비교'에 대한 이해도가 제법 높아졌을 것이다. 이쯤에서 '비교'를 통해 엄청난 성공을 거둔 한 유명 가게를 소개하고자 한다.

도쿄 긴자에 위치한 이 가게는 일본 전국에서 앙증맞은 전통 공예품 및 칠기제품 등을 모아 판매하는 편집 매장으로 터무니없이 비싼 가격을 책정했지만, 그 결과 단숨에 브랜드 가치를 올리는 데 성공했다.

이 가게는 상품을 구입할 때마다 독창적인 콘셉트를 다양하게 구상해서 가게만의 한정 상품을 제작한다. 그러나 시중에서 한정 상품은 대부분 1,000~3,000엔, 비싸야 10,000~30,000엔에 팔리는데 이 가게는 콘셉트를 추가한 다음에 제작해서 200만 엔 이상의 가격으로 팔고 있다.

상식적으로 생각해봐도 집에서 쓰는 일상용품이 200만 엔이나 하는 건 말이 안 된다. 그러나 지금 이 가게는 잡지나 책, TV 등 각종 매체에서 메인으로 소개하는 명소로 거듭났다.

성공의 비결은 무엇일까? 100년 이상 된 기업이나 브랜드와 비교선상에 놓일 경우, 오래된 역사보다는 높은 가격, 그것도 압도적으로 높은 가격이 명품이라는 느낌이나 가치를 고객에게 전달하고 이해시키기 쉽기 때문이다.

해당 가게의 연혁은 의외로 짧다. 이제 겨우 10년밖에 안 되었지만 가격 결정이라는 신의 한 수 덕분에 순식간에 100년이 넘은 기존 업체들을 압도하는 브랜드로 성장할 수 있었다.

타 업체보다 비싼 가격으로 인지도를 높여 업계 1위로 우뚝 서는 전략은 상당히 효과적이다. 이 전략은 일반적인 가격의 10배 이상 높은 가격을 설정한 경우에 특히 좋은 효과를 거둘 수 있다. 따라서 여러분의 기업에서도 이런 전략이 실행 가능하다고 생각된다면, 한번 시도 해보는 것도 나쁘지 않다고 본다. 극단적인 표현이지만, 비싸게 책정한 상품이 팔리지 않아도 괜찮다. 이런 상품을 판매하고 있다는 사실만으로도 업계 1위로 등극할 수 있고, 대신 다른 상품이 날개 돋친 듯 팔릴 것이기 때문이다.

다음은 최근 필자가 자문을 맡았던 한 교육업체의 사례다. 이 업체의 자격증 취득 노하우가 매우 독창적이고 효과적이라고 인정받자 대상층을 일반인이 아닌 CEO에 한정시키고 기존 가격보다 8~10배 높게 책정했다. 높은 가격을 강조하면서 특별한 서비스라는 이미지를 형성하자 업체는 순식간에 브랜드화를 이

뤘고 수익 면에서도 성공을 거뒀다.

흥미로운 점은 해당 사이트의 채용 페이지를 통해 매우 우수한 강사진이 모여들고 있다는 것이다. 지원 이유를 묻자, "가장 비싼 교육 서비스를 제공하는 곳에서 일해보고 싶었다"라는 한결같은 답이 돌아왔다. 비싼 가격으로 인해 업계 1위라는 인식이 눈 깜짝할 사이에 업계 종사자들에게까지 퍼져나갔다는 증거다.

가격 인상의 기술

# 고가의
# 상위 라인을 만들다

지금까지 타 업체 상품과 '비교'해서 10배 더 높은 가격을 붙여 단번에 브랜드 가치를 높인 사례에 대해 이야기했다. 물론 '비교'를 고려한 가격 결정에는 더 다양한 기법과 사고방식이 존재한다. 또 다른 방법을 살펴보자. 일부러 타 업체의 최고급 라인보다 조금 더 상위의 제품 라인을 개발해서 남들과는 다르기를 희망하는 고객층을 노리는 전략이다.

이 전략은 타사 가격을 토대로, 핵심 상품은 비슷한 수준에 맞추고 대신 상위 라인을 살짝 더 비싸게 설정해서 판매하는 방식이다. 10배씩 올리는 전략에 비해 크게 눈에 띄지 않을 수 있다. 하지만 브랜드 구축에 도움이 되며 '난 다른 사람들과 좀 달라'라고 생각하는 고객들의 구매 욕구를 자극해서 수익성을 향상시키는 효과도 있다.

고가의 상품 라인을 만들면 고객의 20~30%가 해당 라인의 상품을 구매한다고 한다. 소비의 종류에는 '싸니깐 사는' 소비 외에도 '비싸니깐 안심하는' 소비나 '나다운 것을 사는' 소비도 있음을 계속 강조했는데, 실제 통계를 봐도 소비자의 소비 패턴이 상당하게 다양화가 되었음을 알 수 있다.

　지금 언급한 가격 결정의 방식은 단일 상품이나 서비스가 아닌 복수의 상품으로 구성된 제품 라인을 판매할 경우에 매우 효과적이므로 부디 시도해보길 바란다.

　지금까지 가격 결정의 요인으로서 '원가를 포함한 비용'과 '타업체와의 비교'에 대해 설명했다. 다음 장에서는 가격을 결정하는 요인 중 가장 중요한 '해당 상품 및 서비스가 갖는 가치'에 대해 말하겠다. 가격 결정의 개념을 잡는 데 매우 중요하므로 주의 깊게 읽어주기 바란다.

# 📋 Key Point

**소비자의 구매동기 및 판단 기준은 무엇인가?**

→ 소비는 '싸니깐 사는' 소비, '비싸니깐 믿고 안심하는' 소비, '사물이 아닌 행위를 사는' 소비, '나다운 것을 사는' 소비 등 4가지로 구분된다.

4가지의 소비 타입으로 나뉜다.
① '싸니깐 사는' 소비
② '비싸니깐 믿고 안심하는' 소비
③ '사물이 아닌 행위를 사는' 소비
④ '나다운 것을 사는' 소비

**고객이 부유층이 될지, 서민이 될지는 접근하기 나름이다.**

→ 싸니까 사는 고객이 있는가 하면, 비싸니까 사는 고객도 있다. 동네에서 5,400엔짜리 김 도시락이 팔렸다!

**가격은 어떻게 결정되는가?**

→ 가격은 자유롭게 설정이 가능하나 가격 결정은 CEO가 행하는 경영 판단 가운데 무엇보다도 중요하다.

→ 가격은 '원가를 포함한 비용', '타 업체와의 비교', '해당 상품 및 서비스가 갖는 가치' 등 3가지 요인에 의해 결정된다.

가격을 결정하는 3가지 요인이 있다.
① 원가를 포함한 비용
② 타 업체와의 비교
③ 해당 상품 및 서비스가 갖는 가치

## 원가는 가격 결정을 하는 데 하나의 요인에 지나지 않는다.

→ 원가를 기준으로 하지 말고, 적정 가격을 생각하라.

## 가격은 타 업체와 비교해서 결정되는가?

→ 타 업체보다 싸게 팔겠다는 생각은 안이하다.

→ '비교'는 시장 내 위상을 판단하는 척도다. 높게 가격을 결정해서 창립 10
년도 되지 않아 기존 업체를 압도하고 업계 선두주자가 된 경우, 타 업체
보다 좀 더 고급스러운 상위 라인을 개발해서 남들과 조금 다르고 싶은 고
객을 사로잡은 경우도 있다.

가격 인상의 기술

# 4장

# '가치'를 더하면
# '가격'을 더 올릴 수 있다
## 정보 '전달자'가 될 필요성

3장에서는 가격을 결정하는 3가지 요인 중 '원가를 포함한 비용'과 '타 업체와의 비교'를 소개했다. 이번 장에서는 더욱 중요한 '해당 상품 및 서비스가 가진 가치'를 중심으로, '가치'라는 정보를 더하는 것만으로 가격이 훌쩍 오를 수 있음을 증명하겠다.

필자가 자문을 하면서 지니고 있는 가치를 눈치채지 못하는기업이 많아 안타까웠다. 알지 못하기 때문에 남에게 전달할수도 없었다.

그렇다면 가치는 어떻게 발견할 수 있을까? 가치는 바로 전달을 통해 비로소 그 의미를 지닌다. 두 눈으로 직접 확인해보자.

# 정보를 통해
# 가치가 달라진 항아리

가격을 결정하는 가치란 무엇일까?

필자는 '가치'에 대해 설명할 때, 항상 〈운수대통! 뭐든지 감정단!〉이라는 TV 프로그램을 예로 든다.

이 프로그램의 인기 코너 가운데 출장 감정코너가 있다. 감정을 의뢰하는 사람들이 물품을 들고 나오는 코너다. 전문가의 감정 결과, 엉터리로 밝혀진 경우가 있는가 하면, 엄청나게 높은 감정가가 나오는 경우도 있다. 시청자 입장에서는 일희일비하는 의뢰인을 보는 재미가 쏠쏠하다. 이 프로그램을 통해 '소비의 본질'이나 '가격이 결정되는 방식'을 파악할 수 있다.

한번은 현관에 우산꽂이로 놓고 쓰던 항아리를 들고 나온 의뢰인이 있었다. 감정 결과, 항아리는 에도시대의 이름난 도공의 작품으로 밝혀져 무려 250만 엔이라는 감정가가 매겨졌다.

원래 아이가 갖고 놀던 장난감이었던 거대한 항아리는 이제 도코노마(방 한쪽 면에 바닥을 살짝 높게 만든 전시 공간으로, 족자나 도자기 등 집안의 부를 뽐내는 용도로 사용됨)로 옮겨져 방석 위에 자리 잡게 되었다. 아이에게는 항아리를 만지지 않도록 따로 일러두었다고 한다.

여기서 항아리 자체는 조금도 변하지 않았다는 사실이 중요하다. 에도시대의 이름난 도공이 만들었다는 '정보(=가치 있는 정보)'가 더해지면서 가치가 발생했고, 이후 소중히 다뤄지게 된 것이다.

각 기업이 제공하고 있는 상품 및 서비스도 소비자 입장에서는 그 항아리와 다를 바 없다. 그렇다. 같은 상품, 같은 서비스라도 그 가치를 아는 사람에게는 값진 것으로 인식되는 반면, 가치를 모르는 사람에게는 아무짝에도 쓸모없는 것으로 보이는 법이다.

3장의 '타 업체와의 비교를 통해 가격이 정해진다?'에서 다른 업체의 존재는 고맙기까지 하다고 말했다. 시장의 형성 과정에서도 마찬가지다. 여러 기업에 의해 상품 및 서비스가 가진 가치를 정보의 형태로 접하면서 소비자는 비로소 해당 상품 및 서비스의 기본 가치를 인지할 수 있게 된다.

이런 과정이 없다면 어떻게 될까? 어느 날 갑자기 팔기 시작한 상품에 어느 정도의 가치가 있는지, 소비자로서는 알 길이 없다. 상품 및 서비스에 정보의 가치를 부가하는 행위야말로 가격 결정에서 가장 중요한 항목인 이유가 여기에 있다.

# 고급 음식점이
# 사라진 이유

'가치'를 논할 때 생각나는 에피소드가 또 있다. 이번에도 TV 프로그램과 관련 있는데, 〈서브 프라임 버블 붕괴 후에 긴자의 유명 음식점들이 사라진다?〉라는 제목의 프로그램이었다.

한 시대를 풍미했던 고급 음식점이었지만, 점차 손님이 줄면서 현재는 경영을 지속하기 어려운 상황에 처했다고 한다. 최상급 재료만을 사용했기 때문에 맛은 분명 훌륭했지만 주인의 인터뷰가 마음에 걸렸다.

"진심을 담아 맛있는 요리를 만들면 손님들께서 찾아주시지 않겠습니까?"

해당 음식점이 명성을 자랑하던 시절에는 모든 손님이 이 음식점의 가치를 이해하고 있었다. 그 덕분에 가게는 번창했다. 하지만 서브 프라임 붕괴 이후, 고급 음식점에 대해 잘 아는 손님들은 급감했다. 그 결과, 음식점을 찾는 손님들도 줄었다.

정작 눈앞에서 음식을 먹고 있는 손님은 가게의 정보나 지식이 전혀 없을지도 모른다. 하지만 음식점에서 '우리는 유서 깊고 유명하니 모두 이곳에 대해 잘 알고 있을 것'이라고 함부로

예단했다고 해보자. 음식점은 가치를 정보의 형태로 전달하려는 노력을 게을리한 탓에 고객이 떠나고 있는 사실을 까맣게 모르고 있는 셈이다.

이런 상황이라면 음식점은 역사나 조리법 개발 등을 가치 있는 정보로 가공해 다시 확실하게 전달하도록 노력해야 한다. 몇 년, 몇 대가 이어온 음식점일지라도 처음 창업하던 당시의 마인드로 돌아가 새롭게 가치를 전달해야 한다.

맛있는 음식이 어떤 건지 모르거나 맛으로 음식을 판단하지 못하는 고객이 요즘 늘고 있다. 따라서 요리를 준비하는 데 걸리는 시간이나 가장 훌륭한 음식 등의 가치를 다시 한번 시장에 인식시킬 필요가 있다.

역사와 전통이 있는 상점이라는 브랜드는 가치를 잘 아는 손님과 잘 모르는 손님이 공존해 성립된다. 따라서 손님이 가득 들어차는 적당한 시기를 파악해서 서서히 정보를 조절하고 압축해가는 것도 중요하다. 그러나 지금은 일단 '가치 있는 정보를 전달'할 시기다.

# '일반적인 가치'와
# '고객 특유의 가치'

고객은 상품 및 서비스의 가치를 전달받기 전까지는 그 가치를 느끼지 못한다. 사실상 가치가 없는 것과 같다. 따라서 가치를 정보의 형태로 제공하는 작업이 중요하다.

그렇다면 어떻게 가치를 더해주면 좋을까? 상품, 서비스의 가격 결정 단계에서 '가치'는 크게 '일반적인 가치'와 '고객 특유의 가치', 이렇게 분류된다.

'일반적인 가치'란 무엇일까? 일반 세상에 통용되는 가치, 혹은 누구나가 아는 가치를 떠올리면 된다. 예를 들어, 도쿄 대학교는 일본에서 가장 똑똑한 학생들이 들어가는 대학이다. 따라서 '도쿄대 학생의 90%가 쓰는 학용품'이라는 말을 들으면 누구나가 '왠지 모르게 좋아 보인다'라고 생각할 것이다. 이것이 바로 '일반적인 가치'다.

실제로 출시된 '도쿄대생이 개발한 공책'은 일반 공책보다 상당히 비싸지만 불티나게 팔리며 히트 상품의 반열에 올랐다. 이처럼 수많은 소비자가 일반적인 가치로 느끼는 상품은 통상적인 가격보다 비싸게 팔린다. 상장기업이 만든 상품, 거장이 인정한 제품, 집안 대대로 이어오며 황실에도 납품하는 전통 공예가문의 작품 등이 그렇다. 품질이 좋을 테니 비싸도 이해하는 것이다. 또한 잘 알려진 권위와 전통, 지명도, 희소성, 역사적 배경 등 세상에 하나뿐이라는 요소가 있다면 평범한 상품보다 비싼 게 당연하다고 생각되는 경향이 있다.

　보통 원가에는 가치가 포함되어 있지 않다. '가치'와 '가격 결정'의 관계가 재미있는 부분이 바로 가치로 인해 가격을 높게 책정할 수 있다는 점 때문이다.

　그동안 기업들에 자문을 했지만 '가치'와 '가격'의 관계를 명확하게 이해하고 있던 경우는 거의 없었다. 가치 있는 상품, 서비스를 원하는 가격(높은 가격)에 팔기 위해서는 이 둘의 관계에 대한 명확한 이해가 반드시 필요하다는 사실을 알아야 한다.

### '일반적인 가치' 14가지 항목

　다음은 상품, 서비스를 높은 가격에 팔기 위한 '일반적인 가치'에 해당하는 항목들이다. 이 항목들을 상품의 개발, 설명, 발표에 적극적으로 활용해서 가치를 더해주길 바란다.

① 시간과 정성을 쏟는다.

(한동안 인구 증가가 계속되면서 시장이 확대되었고, 기업들 대부분은 효율성을 추구하게 되었다. 이에 따라 정성 들여 만드는 행위 자체가 굉장한 가치를 갖는 시대가 되었다)

② 희소하다, 흔치 않다, 제작자가 한정되어 있다, 자라는 데 많은 시간이 든다.

(남들과 똑같은 물건을 들고 다니기를 꺼리게 되면서 희소성이 최고의 가치로 자리매김하게 되었다)

③ 전문가가 있다, 전문가가 선정했다.

④ 역사가 길다, 대대로 이어져 내려왔다, 이를 뒷받침하는 문헌이나 역사적 근거가 있다.

⑤ 높으신 분들, 역사적 인물, 저명인사가 애용한다.

⑥ 온라인으로 유통되지 않는다.

⑦ 실제로 다녀왔다, 보고 왔다, 멀리 지구 반대편에서 들여왔다, 갖고 왔다.

⑧ 특허를 갖고 있다.

⑨ 개발 과정에 놀라운 뒷이야기가 숨겨져 있다.

⑩ '○○'가 보장한다, 세계적인 연구기관 △△에서 인정받았다.

⑪ 장기간 사용해도 성능이 떨어지지 않는다.

⑫ 수만 번의 테스트를 거쳤다.

가격 인상의 기술

⑬ 보증수리 시스템이 잘 갖춰져 있다.

⑭ 긴급 상황에 대한 대처가 뛰어나다, 타 업체에서 흉내 내 지 못한다.

3장에서 설명한 '타 업체와의 비교'와 함께 이런 '일반적인 가치'가 상품 설명에 추가된다면 더욱 큰 효과를 거둘 수 있다. 희소성 자체에는 '원가'가 포함되어 있지 않기 때문에 가격이 상승되는 결과를 가져오게 된다. 앞에서 주장한 '상품 및 서비스의 가격을 올릴 때 내용물은 바꾸지 않고 설명 방식만 바꿔도 가격을 인상할 수 있다'의 근거가 여기에 있다.

'일반적인 가치'를 이용해 상품이나 서비스의 가격을 조절하는 법에 대해서는 다음 장에서 구체적인 사례와 함께 설명하겠다. 일단은 '일반적인 가치'의 뜻과 어떻게 사용되는지를 알아야 한다. 이는 곧 상품을 비싸게 팔기 위한 초석이 될 것이다.

# 단번에 가격을 올릴 수 있는 '고객 특유의 가치'

이번에는 '고객 특유의 가치'에 대해 살펴보도록 하자. 우선 '일반적인 가치'와 '고객 특유의 가치'의 관계부터 설명하겠다. '일반적인 가치'는 판매가격을 올리기 위한 밑바탕(=누구나 알기 쉬운 가치)이라 할 수 있다. 그 위에 '고객 특유의 가치'가 더해지면 가격을 자유자재로 조정하고 한층 더 인상할 수 있는 단계에 이르게 된다.

'고객 특유의 가치'를 이해한다면, 가격을 계속 올릴 수 있다. 말 그대로 얼마든지 자유자재로 조절할 수 있게 된다. 이를 위해서는 먼저 '고객이 무엇을 사고 있는지'를 알아야 한다.

고객이 구매행위를 할 때, 기업 측에서는 '고객은 기업이나 상점이 제공하는 상품, 서비스를 산다'라고 생각하기 마련이다. 그러나 구매하는 이유를 자세히 살펴보면, '해당 상품이나 서비스를 구입해 획득이 가능한 가치'가 마음에 들어서, 혹은 그 가치를 알기 때문에 구입한다는 것을 알 수 있다. 또한 '획득이 가능한 가치'가 높을수록 고객의 구매 욕구는 강해지며, 공급자의 입장에서는 그 가치만큼 가격을 올릴 수 있게 된다. 이

가격 인상의 기술

때 '획득 가능한 가치'가 바로 '고객 특유의 가치'를 의미한다.

예를 들어 고급 정장을 사는 사람은 정장을 통해 얻을 수 있는 가치 때문에 구매를 결정한다. 사회적 지위나 만족감, 혹은 호텔에서 좋은 대우를 맛보고 싶은 마음 등도 예로 들 수 있다. 이때 판매 가격이 원가보다 훨씬 비싸다고 해도 문제가 되지 않는다. 고객이 추구하는 바는 '고객 특유의 가치'이므로 가격에 개의치 않고 선택할 것이다.

자동차를 구입하는 사람 역시 다르지 않다. 어느 부부가 SUV를 골랐다면 그 차를 통해 아이들과의 즐거운 경험이나 평생 남을 추억을 만들고 싶다는 이유 때문일 것이다. 아니면 평소에는 업무에 매달려 살지만, 주말만큼은 좋은 아빠이고 싶다는 꿈을 위해 차를 구입한 것일 수 있다.

고급 스포츠카를 사는 이유도 마찬가지다. 스포츠카를 사는 것이 아니라 이를 통해 얻을 수 있는 가치(주위의 부러움, 이성의 관심 등)를 소비자 개인이 나름대로 상상한 끝에, 어마어마한 금액에도 불구하고 그 가치를 구매한 것이다.

기업이 세무사를 고용할 때도 단순히 비용 외에 '세무 서비스를 통해 얻을 수 있는 가치'까지 염두하고 있다. '미래를 내다보는 눈'이나 '유명 기업의 고문을 맡은 이력' 등 세무업무를 맡겨서 느낄 만족감이 선택의 기준으로 작용한다.

발상의 폭을 확장시켜보자. 일류 호텔의 숙박비나 고급 레스토랑에서의 식사비용도 묵고 식사하는 것이 주된 목적이 아닐 수 있다. 중요한 사업 논의를 결정짓는 접대처로 호텔이나 레스토랑을 이용한다면 구매동기나 사용금액이 앞서 언급한 이유와는 사뭇 달라질 것이다. 즉, 고객은 기업이 제공하는 상품이나 서비스 그 자체를 구매하는 게 아니라는 것이다.

인구 감소에 따른 일본 시장의 변화인 축소와 성숙화를 감안했을 때 '고객 특유의 가치'는 매우 중요한 경영 무기로 떠오르게 된다. 그 이유는 바로 '고객 특유의 가치'를 끝까지 파고들면서 마지막에는 고객 한 명, 한 명에 대한 맞춤형 가치까지 좁혀나갈 수 있기 때문이다.

이미 세계에는 최상위 부유층에 접근하고 밀착해 초고가 서비스를 제공하는 기업이 존재한다. 여기서 특정 수준 이상의 수입을 올리는 사람들을 살펴보면, 일반인은 받을 수 없는 서비스를 바라는 사람들이 어느 정도 존재하는 것을 알 수 있다. 이런 소비자들이 공통적으로 추구하는 가치, 즉 '초부유층 고객이 원하는 가치'가 모여 하나의 시장을 형성한다.

이 시장은 구조상 피라미드식 형태이며 맨 위부터 전 세계에서 단 한 명만을 대상으로 하는 서비스, 극소수의 사람들을 대상으로 하는 서비스, 일부 소수의 사람들만을 대상으로 하는 서비스, 보통 사람이 아닌 사람들을 대상으로 하는 서비스 등 계층별로 구성된다.

사업을 구상할 때에는 어느 계층을 타깃으로 할지, 어느 계층이면 자사의 서비스가 먹힐지 등을 생각하게 된다. 가격은 시장이 추구하는 가치에 따라 자유롭게 정할 수 있다.

# '고객 특유의 가치'를 이해하면 비싸게 팔 수 있다

'고객 특유의 가치'는 가격을 결정짓는다. 처음에는 고객이 이 가치를 조금도 깨닫지 못할 수 있다. 하지만 설명을 듣는 사이에 그 가치를 알고 느낀다면, 여러분들이 제시하는 가격에 상품이나 서비스를 구입할 것이다. 다시 말해, 상품 및 서비스를 파는 제공자는 독자적인 가치를 발견하거나 발견할 가능성이 있는 고객에 한해서만 접근하면 된다는 뜻이다.

이런 판매 방식은 상품 및 서비스를 기존 가격보다 압도적으로 높은 금액에 판매할 가능성을 열어준다. 궁극적으로 특유의 고객을 타깃으로 한 고수익형 사업을 개발할 수도 있다. 그래서 필자 역시 자문하는 기업에 고객 선별을 요구한다. 고객을 선별하고 고를수록, 높은 매출과 높은 수익의 사업을 구상할 수 있기 때문이다.

'고객을 고르다 보면 시장이 좁아지진 않을까?' 하는 우려가 들지도 모른다. 비록 감소세에 들어섰다고는 하나 일본에는 약 1억 2,700만 명이나 되는 인구와 400만 개의 기업이 존재한다. 사업 형태(B2B, B2C 등)를 가릴 것 없이 타깃을 좁히고 골라도 잠재적 고객의 수는 충분하다.

고객 입장에서 봐도 '누구에게나 무엇이든 해드립니다', '뭐든지 팝니다'라는 기업은 전문성과 매력이 떨어져 보인다. 엄격하고 철저한 고객 선별은 어느 기업에나 꼭 필요하다.

# '정보'의 형태로
# 가치를 부가하라

가격을 결정하는 요소 가운데 가장 중요한 요소는 상품의 가치다. 지금까지 고객이 상품으로부터 느끼는 '가치'에는 '일반적인 가치'와 '고객 특유의 가치'가 있다는 것과 그 관계와 중요성에 대해서도 알았다. 그렇다면 '가치'를 활용하고 이를 기준으로 어떻게 상품 가격을 결정해야 할까? 또한 상품이나 서비스를 최대한 높은 가격에 팔기 위해서는 '일반적인 가치'와 '고객 특유의 가치'를 어떻게 활용해야 좋을까?

처음에는 상품과 서비스의 가치를 모르는 고객에게도 '정보'를 통해 그 가치를 설명하면 높은 가격에 판매가 가능했다. 처음에는 상품 및 서비스의 가치를 모르는 게 당연하기 때문에 '일반적인 가치'와 '고객 특유의 가치'를 정보의 형태로 덧붙여 설명하면 가격을 얼마든지 올려 받을 수 있었다.

# 상품을 높은 값에 팔기 위한
# 설명 능력

상품과 서비스의 가격은 수반된 '가치 정보(일반적인 가치와 고객 특유의 가치)'에 의해 결정된다. 그 '가치 정보'를 문장이나 대화, 영상 콘텐츠를 통해 제대로 전달할 수만 있다면 여러분들이 원하는 가격에 상품을 판매할 수 있다. 실제로 필자의 조언을 듣고 그 어디보다도 높은 값에 상품을 파는 데 성공한 기업이 많다. 필자는 이런 경험을 통해 상품 가격은 '원가를 포함한 비용'이나 '타 업체와의 비교'가 아닌, '해당 상품 및 서비스가 갖는 가치'에 의해 결정된다는 사실을 발견했다.

따라서 상품 및 서비스 내용을 바꾸거나 추가적인 가치를 일체 더하지 않고 '보이는 방식'이나 '설명 방식'만을 바꾸면서 수많은 기업을 대상으로 가격 인상을 실현시킬 수 있었다. 물론 그 상품 및 서비스 대부분은 원래부터 많은 지지와 사랑을 받고 꾸준히 애용되던 것들이었다. 그렇기 때문에 내용을 일체 바꾸지 않아도 아무런 문제가 되지 않았다. 지금 기업들이 제공하고 있는 상품이나 서비스도 대부분 세계적으로 손꼽히는 수준이 아닐까 생각된다.

이는 대기업에 국한된 이야기가 아니다. 중소기업이나 신생기업도 다르지 않다. 기업들이 이처럼 수준 높은 상품과 서비스를 제공하면서도 원하는 가격에 팔지 못하는 이유는 그 가치 정보를 고객에게 전하지 못했기 때문이다.

가격을 인상하지 못하는 것은 설명 방식을 바꾸려는 일에 노력을 기울이지 않아서다. 설명 방식을 바꾸는 데 비용은 들지 않는다. 지금 여러분들의 상품이며 서비스를 기꺼이 구매해주는 고객의 목소리에 귀를 기울여보라. 그 속에는 수많은 힌트가 담겨 있다. 상품에 조금이라도 관심을 보이지 않던 고객이 갑자기 태도를 바꿔 구매를 결정했다면, 그 동기나 계기를 물어봐서 설명 방식에 대한 답을 얻을 수 있다. 이를 문장이나 대화, 영상 콘텐츠 등의 형태로 만들어 고객에게 전달하자. 그래서 여러분들이 원하는 가격에 판매하도록 하자.

가격 인상의 기술

# 명확한 가치를
# 전달해야 한다

평소 가치와 가격의 상관관계를 설명하면서, 클라이언트의 기억에 오래 남을 만한 좋은 예시를 찾던 중에 오타쿠 코드를 적극 활용한 팝 아티스트이자 루이비통의 모노그램에 알록달록한 색깔을 입힌 멀티 컬러 컬렉션을 통해 세계적으로 유명해진 무라카미 타카시(村上隆) 책을 접했다. 그 내용을 소개하면서 이번 장을 마무리하고자 한다.

무라카미 타카시는 일본을 대표하는 세계적인 현대 예술가이며 그의 작품은 수억 엔대를 호가한다. 그는 저서 《예술기업론》에서 자신의 작품에 높은 가격이 책정된 이유에 대해 '스스로 작품의 가치를 정성스럽게 설명하기 때문'이라고 밝혔다.

보통 아티스트나 크리에이터라 불리는 사람들은 자신의 작품에 대해 이야기하지 않는다. 작품의 가치는 보는 사람들이 판단해야 하며 작가가 먼저 작품에 대해 평해서는 안된다는 금기 탓이다. 하지만 무라카미 타카시는 달랐다. '제아무리 뛰어난 작품이라 해도 그 가치를 사람들이 모른다면 무가치한 것이나 다름없다'라고 단언한다.

물론 예술이나 창작계열에 몸담고 있는 사람들이 작품을 통해 자아를 표현하다 보니, 본인의 작품 해설이 관객들의 상상력을 제한할 우려가 있다거나 민망할 수 있다는 점도 얼마든지 이해가 된다. 마치 코미디언이 자신의 개그를 직접 설명하는 것과 같지 않겠나.

그러나 관객의 입장에서 보면 정반대다. 웬만한 미술 애호가가 아니고서야 시시각각 변화하는 전 세계의 예술 풍조를 파악하기란 너무 어렵다. 더욱이 동양 출신 아티스트가 표현하고자 하는 바를 서양 관객이 작품만 보고 한눈에 알아차리는 것은 불가능에 가깝다. 특히 예술의 세계에서는 혁신, 참신함뿐만 아니라 작가 개개인의 개성이나 독창성이 중요시된다. 바로 이런 맥락에서 무라카미 타카시는 '아직 세상에 알려지지 않은 작가가 본인 작품을 해설하고 자신의 독창성을 어필하는 것은 바른 작품 이해를 도모하기 위해서라도 꼭 필요한 행위'라고 말한다.

그의 말처럼 제아무리 좋은 상품을 만들었지만 아무도 그 가치를 모른다면 무가치한 것이나 마찬가지다. 설명이라는 형태로 정보가 부가되어야만 비로소 상품에 가격이 붙는 것이다. 단돈 1엔이라도 더 받기 위해서는 작가 자신이 작품의 가치를 이야기하는 '전달자'가 되어야 한다. 무라카미 타카시의 말은 '정보를 통해 가치를 전달할 수만 있다면 판매 가격은 얼마든지 올릴 수 있다'라고 해석이 가능하다.

# 📋 Key Point

**상품 및 서비스에 정보로 가치를 더하는 것은 가격 결정에서 가장 중요하다.**

→ 가치가 발생하면서 소중한 대접을 받게 된다. 우산꽂이로쓰던 항아리가 에도시대의 이름난 도공의 작품으로 밝혀지면서 대우가 확 달라졌다.

→ 정보를 통해 가치를 전달하려는 노력을 게을리한 결과, 최고의 맛을 내던 유명 음식점이 사라졌다.

**가격을 결정하는 2가지 가치**

→ '일반적인 가치'와 '고객 특유의 가치'.

**'일반적인 가치'는 다음과 같으며, 비싸게 팔기 위한 초석이 된다.**

→ 시간과 정성, 희소성, 전문가, 역사가 있음, 저명인사의 애용, 온라인 구매 불가, 체험 가능, 특허를 받음, 개발 비화가 있음, 공신력, 장기간 사용 가능, 수만 번의 테스트를 거침, 수리 보증, 긴급 상황에 대한 대처가 뛰어남.

**'고객 특유의 가치'는 상품 및 서비스의 구매로 인해 얻을 수 있는 가치다.**

→ 고객을 선별하고 고를수록 높은 가격에 판매할 수 있다.

**가격 결정에 있어 가장 중요한 요소는 상품의 가치다.**

→ 정보의 형태로 가치를 설명할 수 있다면 높은 가격에 판매가 된다.

**명확한 가치 전달의 여부가 가격을 결정짓는다.**

→ 정보를 통해 가치가 전달된다면 얼마든지 가격을 높일 수 있다.

# 5장

# 더 비싸게 팔았는데도
# 고객이 늘어난 이유
## '가격 인상'에도 방법이 있고
## '가치'를 전달하는 순서가 있다

이번 장에서는 지금까지 설명한 가격 인상에 대한 사고방식과 소비의 종류,
가격 결정에 대한 사고를 현장에 어떻게 적용해야 할지 이야기하고자 한다.
실제로 필자가 자문을 담당했던 사례를 들어 자세히 설명해나간다.
이번 장에서 언급하는 사례는 모두 필자가 실제 컨설팅을 진행한 기업이다.
다만 기업 입장에서는 비밀이 엄격히 보장되어야 하기 때문에 회사명이 알려
지지 않도록 업종, 지역 등은 임의로 바꿔 서술했다. 컨설팅 내용이나 성과에
대한 부분은 모두 실제에 근거하므로 매우 유용한 내용이 될 것이다.
가격 인상의 사례가 이처럼 사실적이고 구체적으로 소개되는 경우는 극히 드
물다. 부디 여러분의 기업을 떠올리며 몇 번이고 반복해서 읽어주길 바란다.

# 기존 고객을 대상으로 하는 가격 인상

구체적으로 사례를 살펴보기에 앞서, 필자가 가격 인상을 제안할 때마다 기업 측에서 항상 되물어보는 질문이 있었다. 그 질문은 바로 '가격을 인상할 경우, 기존 고객층은 어떻게 대처해야 하나?'였다. 어떤 기업에서나 꼭 돌아오는 질문이었다.

신규 고객만을 겨냥한 사업이라면 문제가 없지만 사업 대부분은 계속성을 염두에 두고 시행된다. 이런 질문을 받는 게 당연하다. 가격을 인상한 전례가 없는 업체의 경우에는 아예 이런 방면의 노하우가 없을 테니 하나로 묶어 함께 설명하겠다.

앞으로 소개할 사례 중에서도 기존 고객이 존재하던 경우에는 모두 같은 방법을 취했다. 따라서 공통적으로 해당하는 설명이라고 생각하길 바란다. 각 사례에서 서술할 때 모두 중첩되는 부분이므로 기본적인 사고법과 방법론은 따로 먼저 소개하겠다.

가격을 인상하면서 기존 고객에게 다양한 편의를 봐주는 바람에 경영 개선에 실패하는 기업도 있으므로, 다음의 방법론에 대한 이해는 매우 중요하다.

기본적으로 처음에는 기존 고객에 대해 가격 인상을 단행하지 않기를 제안한다.

신규 고객에 대한 가격 인상도 기존 고객이 찾아준 덕분에 시도할 수 있는 것이 아닌가? 또한 기존 고객은 지금까지 종전 가격에 상품 및 서비스를 구매했기 때문에 가격을 인상하기가 가장 까다롭다.

필자가 제안하는 가격 인상은 상품 및 서비스에 최대한 변동을 주지 않고 판매금액만을 올리는 방식이다. 따라서 기존 고객에 대해서는 가격을 동결하는 것이 최적의 선택이자 타당한 판단이다.

금전적 여유만 있다면 신상품을 출시해서 가격을 올리는 방법도 시도할 수 있지만 추천하고 싶지는 않다. 필자를 찾기 전에 다른 곳에서 컨설팅을 받은 대로 상품을 완전히 리뉴얼해서 가격을 올린 업체가 있었다. 결과적으로 해당 업체는 기존 고객과 큰 갈등을 빚었다. 필자는 실제로 이런 사례를 몇 번이나 목격했다.

가격 인상은 신규 고객을 상대로 상품 및 서비스의 '설명 방식'을 바꿔 실행하는 것부터 출발하는 것이 가장 바람직하다. 이때 중요한 점은 경영 개선 과정에서 가능하면 비용을 들이지 않아야 한다는 것이다. 상품가치를 고객에게 알리기 위해 시장을 좁히거나 디스플레이 방식, 혹은 설명 등을 바꾸는 시도를 한다고 치자. 그 정도의 변화라면 비용은 거의 들지 않는다. 경우에 따라 필자는 영업사원이 화법을 바꾸는 정도의 변화를 제안하기도 한다. 비용을 전혀 들이지 않고도 매출과 수익이 단번에 오를 수 있는 가격 인상법을 추구하는 것이다.

그렇다면 기존 고객을 대상으로 한 가격 인상은 어떤 방식으로 시행하면 좋을까? 시기적으로는 신규 고객을 대상으로 하는 가격 인상에 성공해 기업 내에서 상승한 가격을 당연한 것으로 인식하게 되었을 무렵이 가장 좋다.

실제 기업에서 시도했던 많은 방식 중에 고객층도 바꿀 겸 시간을 오래 들여 시행하는 것이 가장 효과적이었다. 신규 고객을 대상으로 높은 가격에 판매하는 것이 안정기에 접어들어 자연스러워지면 기존 고객에게도 이런 인식이 전파된다. "신규 고객들에게 이 가격에 판매하고 있다"라고 말하면 의외로 순순히 받아들인다.

물론 기업에 따라서는 고객 개개인과 오랫동안 쌓아온 파트너십을 고려해 가격을 인상하지 않는 경우도 있다. 신규 고객에 대한 가격 인상만으로도 수익성이 향상되었다면 그런 선택도 적절한 경영 판단이라 볼 수 있다. 단, 필자는 이런 상황을 통해 고객을 선별하는 기회로 삼으려고 하기 때문에 신규 고객을 대상으로 인상한 금액을 기존 고객에게도 똑같이 적용시키도록 제안하는 경우가 많다.

기존 고객에 가격 인상으로 접근하려면 짧아도 반년에서 5년까지 걸리며, 평균 2년 안팎의 시간이 걸린다. 가격 인상에 대한 정보를 계속해서 전달한 다음, 때가 되어 실제로 가격을 올리면 기존 고객을 대상으로 한 가격 인상은 대부분 성공한다. 먼저 기존 고객을 만나면 다음과 같은 방식으로 가격 인상을 선포하자.

"다른 신규 고객(예를 들어, 신규 대리점 등)은 이 가격에 매입해주고 있기 때문에, 귀사께서도 가격을 맞춰주셨으면 합니다. 물론 오랜 기간 함께해주신 귀사께 바로 가격을 올려 받지는 않을 것입니다. 인상 시기는 2년 후입니다. 2년이 지나면 매입가를 ○○%로 변경하겠사오니, 그간 내부 협의와 조정을 거쳐 귀사께서 이후에도 안정적인 수익을 얻으실 수 있기를 바랍니다."

이런 접근 방식의 장점은 곧바로 가격을 올리지 않고 2년의 유예기간을 두는 것이다. 상대방 입장에서는 시간적 여유가 있는 것처럼 들리므로 반감을 사지 않는다.

그렇다면 이후에는 어떻게 하면 좋을까? 기회가 있을 때마다 "앞으로 1년 반 후에 가격이 이렇게 바뀝니다. 괜찮으시죠?

이 가격에 수익을 내실 수 있도록 대비해주세요", "앞으로 1년입니다", "가격 재검토까지 앞으로 반년입니다" 등의 말을 반복한다. 상대방 측에서 "금시초문이다", "너무 급박하다"라며 오리발을 내밀지 못하게 해야 한다. 의외로 잘 먹히는 방식이다. 이렇게만 되면 유예기간 종료와 동시에 바로 가격을 인상할 수 있다. 그때까지 아무런 반론을 하지 않았던 기존 고객은 그 가격을 수용할 수밖에 없다. 이익률이 줄어든 상황에서도 사업이 제대로 운용되도록 기업을 개선해서 다른 업체와 같은 가격에 매입하기로 받아들일 것이다. 제아무리 사전에 예고해도 반론을 표하는 고객이 있다면 거래 중지 외에 다른 방법이 없다.

기업 측에서 먼저 그 고객과 손을 털겠다고 나서는 경우도 많다. 문제를 일으키는 고객일 경우이므로 처음부터 고객으로 받아서는 안 된다. 또한 신규 고객에게 높은 가격을 받으면 기업은 건전화가 되고 억지로 낮은 가격에 판매할 필요도 없어진다. 즐거운 마음으로 사업을 진행할 수 없는 고객과는 계약을 정리하는 등 바른 경영 판단도 실현된다.

　　　　　　　　　가격 인상의 기술

# 가격 인상으로
# 경영에 박차를 가하다

신규 고객을 대상으로 가격을 인상하는 데 성공했을 뿐만 아니라 창업 당시 계약 내용으로 발목을 잡아오던 골칫덩어리까지 한 번에 해결한 프랜차이즈업체의 사례를 소개하겠다.

해당 업체는 프랜차이즈 사업에 뛰어든 지 30년이 넘었으며 창업자의 손자가 막 물려받은 시기에 필자가 자문을 맡았다. 30대 초반의 젊은 경영인은 의욕적으로 활동했지만 녹록지 않은 현실에 가로막혀 필자에게 경영자문을 구하게 되었다.

이야기를 들어보니, 창업자가 구역 보호제도를 두는 바람에 유망하고 안정적인 시장을 보유했지만 다른 신규 대리점을 받지 못하고 있었다. 또한 실적이 나쁜 대리점들이 각 구역에 버티고 앉은 채 권리만을 주장하고 있어 골머리를 썩이고 있던 상황이었다.

사실 이런 사례는 심심치 않게 볼 수 있는데 구역 보호제도를 실시하고 있는 프랜차이즈 분야에서 공통적으로 안고 있는 문제이기도 하다. 실적을 내지 못한 대리점이 철수한다면 금방 해결되지만, 워낙 안정적인 시장이다 보니 대리점들이 좀처럼 나

가려고 하지 않는다는 것이 문제의 핵심이었다.

이때 필자가 제안한 해결안은 앞에서 소개한 시간을 들여 가격을 개선하고 구역 보호제도를 폐지해 권리를 박탈하는 방안이었다. 이 역시 2년 전부터 기한을 두면 된다. 먼저 신규 가맹점에 대한 가맹 수수료와 성과보수 수수료를 올리고, 상품 가격을 재검토해서 가격 인상을 요구했다. 그 근거로는 2년 후, 모든 구역에 대한 보호가 없어지면서 시장이 확대될 수 있다는 점을 들었다.

제도가 변경되면서 구역 보호제도 탓에 가맹을 하고 싶어도 하지 못하던 점주와의 신규계약이 가속화되었다. 단번에 밝은 미래가 보이기 시작한 것이다. 신규 가입자의 입장에서 보면, 처음부터 희망 지역에 가게를 차릴 수는 없지만 2년 후에는 지역을 고를 수 있게 되었다. 일단은 매장을 연 후에 사업을 익히며 미래를 준비한다는 심정으로 가입을 결정한 것이다. 결과적으로 2년은 사업을 준비하기 딱 알맞은 기간이 되었다.

앞에서 말한 형태의 신규계약은 현재 체인점이 없는 구역에서 먼저 시행되었다. 기존 구역에서는 곧바로 구역 보호제도를 폐지하지 않는 대신 2년 후에는 전 지역에 적용하기로 전체 합의를 통해 결정했다.

프랜차이즈 점주총회에서 이와 같은 내용을 선포한 후, 사장을 비롯한 임원진 및 담당 영업사원이 문제의 골칫덩이 체인점주에게 "2년 후부터 구역 보호제도는 폐지됩니다. 유망 시장을 독점한 만큼 후발 가맹점이 들어와도 문제없도록 시장을 꽉 잡고 있어주시기 바랍니다", "앞으로 1년 반이 지나면 구역 보호제도가 폐지됩니다. 후발 주자에게 밀리지 않도록 준비해주세요", "1년 남았습니다. 파이팅", "앞으로 반년입니다"라고 전해서 구역 보호제도의 폐지와 기존 체인점주에 대한 성과보수, 로열티 변경 작업도 완료했다.

처음에는 구역 보호제도 폐지를 반대하는 경영진이 많았지만, 젊은 오너는 필자의 자문 내용을 빠르게 이해하고 실행에 옮겼다.

구역 보호가 사라진 이후 2년 만에 전체 매출이 150% 증가했으며, 2년 후에는 무려 3배에 달했다. 당연한 결과였다. 처음 가맹한 체인점들이 좋은 구역을 독점하면서 발전이 더뎠기 때문에 유망 시장에 대한 의욕에 불타오르는 신규 가맹점을 받아들이는 것만으로도 이런 성과를 낼 수 있었다. 구역 보호제도 폐지를 이유로 프랜차이즈 계약을 해지한 가맹점은 단 한 곳도 없었다.

전체 프랜차이즈의 약진은 원자재 비용 절감을 불러왔고, 결과적으로 기존 체인점에도 이익을 안겨줬다. 가맹점이 늘면서 전체 매출도 상승했고, 이에 따라 원자재 비용이 내려가면서 프랜차이즈 경영 비용 역시 절감될 수 있었다.

눌러앉은 기존 체인점 탓에 수년 동안 골머리를 썩이던 프랜차이즈 본사는 바른 경영 판단 덕분에 매출 증가뿐만 아니라 매너리즘에 빠졌던 기존 가맹점에게 수익을 올려주는 기회를 마련할 수 있었다.

지금까지 가격 인상을 진행할 때 기존 고객에 대처하는 방안에 대한 구체적인 사례를 살펴봤다. 기본적으로는 시간을 들여야 한다. 어느 정도 안정된 경영 상태를 유지한 채 신규 고객을 대상으로 가격을 인상한 다음, 그 가격이 당연하다고 인식될 무렵에 기존 고객에게도 같은 가격을 확대 적용할 것을 요구할 수 있게 된다. 이 때 말썽을 일으키는 기존 고객은 떼어버릴 수도 있다.

# 당장 실행이 가능한
# 20~30% 인상

가격 인상을 진행하는 과정에서 매번 공통적으로 나오는 질문이었던 기존 고객에 대한 대처법을 소개했다. 이번에는 각각의 사업에 맞는 가격 인상의 방법과 그 사례를 순서대로 설명하겠다.

첫 번째 타자는 거의 모든 업종에서 적용 가능한 20~30%의 가격 인상법이다. 지금 소개하는 가격 인상은 아무런 준비 없이, 당장 오늘이라도 어떤 업종에서나 실행이 가능하다. 왜냐하면 20~30% 수준의 가격 인상은 설명 방식만 바꿔도 가능하기 때문이다. 표시된 가격만 올려서 판매하는 것이 전부이므로 지금 바로 실행에 옮겨주기 바란다. 간단해 보이지만 그 효과는 절대적이다.

이 방식을 통해 단번에 경영 상황을 바꿀 수도 있다. 가격을 인하하면 지금까지와 같은 이익을 내기 위해 판매량을 몇 배나 올려야 하지만 가격 인상은 그만큼의 이익분이 곧바로 경영에 반영되기 때문이다. 한마디로 인상 천국, 인하 지옥이다. 2장에서 이야기한 내용을 되짚어보며 다음 사례를 살펴보자.

# 80엔에서
# 250엔으로 올린 만쥬

경영자문을 구하는 업체에 필자는 "일단 당장 가격부터 올리자"라고 조언한다. 정말이다.

이번에 소개할 업체의 상품은 관광지에서 흔히 보는 '아게만쥬(팥앙금이나 크림 등에 튀김옷을 입혀 즉석에서 튀겨 먹는 음식으로 주로 도쿄 아사쿠사 등 관광지에서 흔히 볼 수 있다)'다. 가격은 1개당 80엔이었는데, 사장은 경영이 악화되자 지인의 소개를 받아 필자를 찾아왔다. 그렇게 힘든 상황인데도 왜 낮은 가격에 상품을 판매했냐고 묻자, 놀랍게도 "예전부터 그 가격에 팔아서 그렇다"라는 답변이 돌아왔다.

이렇게까지 저렴하게 팔아야 할 이유가 없었기에 필자는 바로 가격 인상을 제안했다. 관광지에서 하는 장사이므로 기본적으로 신규 고객만 상대하면 된다. 일단 가격을 80엔에서 120엔으로 올리기로 했다.

필자는 손님이 주문해야 그 자리에서 아게만쥬를 튀기다 보니 금세 줄이 길어진다는 사실을 알게 되어 기다리는 동안 손님에게 만쥬의 유래와 먹는 법 등을 자세하게 설명하는 시

가격 인상의 기술

스템을 추가했다. 예상대로 가격을 인상한 첫날부터 판매량이 늘었고 수익성은 순식간에 급상승했다.

가격을 인상하라는 제안을 듣고 사장의 부모, 즉 초대 창업주와 사원들은 심한 반감을 보였다고 한다. 그런데도 사장은 과감하게 용단을 내렸고, 결과적으로 경영 상태가 급속히 향상되었으며 가격 인상으로 인해 이익이 3배나 올랐다.

가격을 올려 수익이 나오기 시작하자 매장에도 활기가 돌면서 분위기가 순식간에 바뀌었다고 한다. 판매량은 점점 늘기 시작했고 줄을 서는 손님들은 끝을 모르고 이어졌다. 지역 언론에 소개되자 판매량은 다시 늘어 돈이 돈을 낳는 상황에 이르렀다.

가격 인상이 바른 선택이었음을 인지한 사장은 계속해서 가격을 올렸다(중반부터는 필자의 자문을 구하지 않고 자의적으로 판단해 인상을 결정했다고 한다). 그런데도 손님들의 발길은 끊이질 않았고 지금 그 업체는 1개당 250엔에 판매하고 있다.

관광객은 그 지역까지 오는 데만 이미 상당한 시간과 돈을 투자했다. 그렇기 때문에 관광지에서 사업할 때에는 고객들이 통상적인 쇼핑이 아니라 특별한 쇼핑을 하고 싶어 하는 심리를 이해하면 성공할 수 있다. 즉, 모처럼 왔으니 평범한 소비(80엔짜리 만쥬)를 하기보다는 특별한 소비(250엔짜리 만쥬!)를 원한다는 고객의 심리를 이해하면 되는 것이다. 통상적인 가격보다는 특별히 비싼 가격이 오히려 고객의 희망과 욕구를 채워 줄 수 있다.

해당 업체는 관광지 상점가에 위치한 자그마한 본점과는 별개로 새로 분점을 내기 위해 최근 넓은 부지를 구입했다고 한다.

80엔에서 250엔으로 판매가가 오르고 판매량이 늘었는데도 원가가 오르기는커녕 오히려 내려가면서 이익은 8배 가까이 뛰었다. 업체에서는 '처음 가격 그대로 현재와 같은 이익을 내려면 사람, 장소, 재고도 늘려 지금보다 몇 배는 더 많은 만쥬를 팔아야 했을 것'이라며 종종 과거를 회상한다고 한다.

가격 인상의 기술

# 가격 인상이 불가능한 문제는
# 판매자의 생각에 따라 해결할 수 있다

경영이 매우 힘들면서도 가격을 인상하지 않는 이유가 뭘까? 경영인이나 직원들의 마음속 어딘가에 '가격 인상은 나쁘다'라는 편견이나 '가격을 올리면 안 팔릴 것'이라는 정신적 장애물이 존재하기 때문이다. 정작 고객들은 '가격을 좀 더 올려도 잘 팔릴 것 같다'라고 하는데, 기업 측이 가격을 올리지 않겠다며 고집을 부리는 경우도 자주 접한다.

가격 인상을 방해하는 적은 고객이 아니라 회사 직원들, 심지어는 경영인 본인의 마음속에 있다는 점을 기억하자. 앞에서 말한 아게만쥬를 파는 업체의 경우도 그랬다. 처음부터 250엔까지는 아니더라도 120엔보다 더 높은 가격을 매기고 싶었지만, 좀처럼 업체 측의 이해를 구하기가 어려웠다. 결국 첫 가격 인상에서 사측과 타협한 금액이 120엔이었던 것이다. 따라서 이런 경우에는 처음에 20~30%만 올려 가격 인상이 어떤 것인지 맛만 본 후에 서서히 가격을 올려 최종적으로는 적어도 2~3배까지 인상하는 방식을 취한다.

# 가격 인상으로 연간 7,200만 엔의 이익을 올리다

다음은 상당한 연간 판매량을 기록하고 있는 여성 브랜드의 가격 인상 사례다. 전국에 매장을 두고 있는 이 업체의 판매 품목은 해외 수입을 통해 매입한 셀렉트 의류가 15%, 자사 상품 및 맞춤복(8~30만 엔 수준)이 85%다.

한때 많은 주목을 받던 브랜드였기 때문에 점포를 많이 여는 다점포 운영전략을 펼쳤지만 불경기의 여파에 떠밀려 매출은 3분의 2까지 수직 하락했고, 경영 상태도 어려워져 몇 번씩 구조조정을 단행했다. 이 시기에 해당 업체는 필자에게 자문을 요구해왔다.

상품을 둘러보고 매장을 찾는 고객의 목소리를 들어보니 상품에 대한 만족도도 높았으며, 특히 시즌마다 정기적으로 신상품을 출시하는 점을 높게 평가했다. 필자는 상품 가격을 일률적으로 20% 올리고 고객이 시세를 가늠하기 힘든 맞춤복 등 단가가 높은 상품은 수만 엔을 더 인상하자는 제안을 했다.

실제로 고객을 직접 만나는 일이 잦은 직원들은 내심 가격을 올려도 팔릴 것이라는 생각을 하고 있었다고 한다. 하지만 경영

가격 인상의 기술

진이 필자의 제안을 이해하기까지는 많은 시간이 걸렸고, 결국 시험 삼아 한 매장에서만 가격을 올리도록 했다. 그 결과, 판매량에 조금도 변화가 없었음을 확인하고 안심한 경영진은 전면적인 가격 인상 노선을 택하게 된다.

전면 인상의 결과는 어떻게 됐을까? 한 벌당 평균 1만 2,000엔의 가격을 인상했다. 월 평균 판매량은 500벌, 연간 6,000벌이 팔리니 가격을 인상한 것만으로 총 7,200만 엔의 현금이 추가적으로 발생한 셈이다. 계산을 해보면 초등학생이라도 알 수 있는 당연한 결론이지만, 경영진의 사고방식에 가격 인상이라는 경영 전략이 존재하지 않는다는 것이 문제다.

새로운 이익 7,200만 엔이 더해지니 기업의 체질이 매우 개선되었다. 이 업체를 애용해온 고객들은 결국 가격이 아닌 품질 때문에 고른 것이었다. 고객들은 업체에 '가격이 조금 비싸더라도 괜찮으니 좋은 상품, 주변 사람들과 차별화가 되도록 만들어주길 바란다'는 것이 분명해졌다.

다음 시즌부터는 가격 상한선을 올리는 동시에 매장도 더욱 고급스럽게 새 단장해서 고객들이 매장에 머무는 시간을 늘리는 방향으로 전략을 구상 중이다. 단순히 고객의 숫자를 늘리는 대신 고객 단가를 높여 수익을 늘리는 방침으로 정한 것이다.

필자가 컨설팅을 담당하기 직전까지도 업체 측은 매상을 올리려면 신규 고객을 모으는 것 외에 다른 방법은 없다고 생각했다. 이익이 줄어드는 와중에도 가격을 낮추고 온라인 광고를 강화하는 등 판촉비를 더욱 확대하려 했던 것이다.

상품 및 서비스의 가격을 일률적으로 20~30% 올리는 가격 인상법은 용기를 내어 결심하기만 한다면 업종이나 업계와 상관없이 어디서나 통할 가능성이 높다. 단번에 몇 배씩 가격을 올리는 것은 아니므로 기업 내부적으로도 의견 합의를 보기 쉽다. 여러분의 기업에도 잘 맞을 것 같다는 생각이 든다면 부디 한번 시도해보길 바란다.

# 상품 라인업을 늘려
# 가격 인상을 노린다

이번에는 가격 인상의 제안에 동의해주지 않는 기업이나 상품에 다양한 변화를 줄 수 있는 여지가 있는 기업에 맞는 가격 인상법을 소개하겠다. 한마디로 설명하면 기존 상품을 하위 라인으로 하고 중간 라인과 상위 라인을 새로 개발해서 가격 폭을 넓히는 방법이다. 필자는 이를 '실버, 골드, 플래티넘 방식'이라 부른다. 수많은 업종에서 효과를 볼 수 있는 방식이다.

통상 소비자의 심리는 중간 가격을 선택하기 쉽다. 10퍼센트 이하의 일부 고객들만 가장 높은 가격을 희망한다. 따라서 상품 라인업을 늘리기만 해도 상품은 비싸게 팔릴 것이며 수익성도 눈에 띄게 바뀔 것이다. 현재 상품 단가나 비즈니스 사이클, 기존 고객층, 그리고 매출 등을 포기할 수 없는 경우에 이 방법을 추천한다.

보통은 기존 상품을 가장 낮은 라인으로 설정하고 상위 라인을 제작하는 것이 일반적이지만, 드물게 기존 상품을 중간 라인에 두는 방식을 택하기도 한다. 이를 통해 고객의 폭을 넓히고 상위 고객을 붙잡아 매출 및 이익을 올릴 수 있다.

관광지로 유명한 한 외딴섬에서 카페 겸 레스토랑을 경영하는 사장으로부터 자문 상담을 받게 되었다. 지금부터 그 사례를 소개하겠다.

처음 메인 타깃은 '지역민+관광객'이었다고 한다. 지역민들도 쉽게 찾아올 수 있도록 모든 상품을 부담 없고 싼 가격에 파는 데 집중했다. 그러나 의도와는 달리 손님만 많고 경영 실적은 그에 훨씬 못 미치는 결과를 가져왔다.

위치부터가 외딴섬이다 보니 지역민에게는 그 가게가 심리적으로 멀다고 느껴질 수밖에 없다(가벼운 마음으로 갈 수 있는 거리가 아니었다). 또한 많은 시간과 돈을 들여 방문한 관광객이 굳이 싼 음식을 살 이유가 없다는 내용은 아게만쥬의 사례에서도 설명한 바 있다.

필자는 타깃층을 관광객으로만 두고, 가격을 올려야 한다고 제안했지만 관광객들이 사계절 내내 오는 것이 아니라며 불안함을 느낀 사장은 가격 인상을 거부했다. 그래서 다양한 메뉴를 보고 현재 메뉴를 기준으로 실버, 골드, 플래티넘 라인을 만들기로 했다.

한편으로 비싸도 충분히 팔릴 수 있다는 점을 사장이 경험했으면 하는 마음에 고객의 이목을 끌기 위한 상품으로 눈에 띄게 비싼(원가 약 2배, 가격 약 3배) 호화 파르페를 만들도록 제안했다. 가격을 올린 결과, 필자가 예상한 대로 눈에 띄게 비싼 호화 파르페부터 먼저 팔리기 시작했다. 3배나 비싼 가격을 붙인 상품이 먼저 팔렸다는 사실을 사장도 인정하면서(이 점이 중요하다!) 비싸게 팔아야 고객이 더 좋아한다는 사실을 이해하게 되었다.

가격 인상으로 인해 고객층이 완전히 바뀌면서 이 레스토랑은 관광코스에 들어갈 정도로 큰 인기를 얻었다. 지역민들 중에서 부유층이나 별장 소유주 등이 단골로 찾아오면서 비수기 매출도 몇 배씩 늘었다. 요즘 근황을 물어보니 임대하던 가게뿐만 아니라 토지, 건물까지 모조리 매입하려고 소유주와 교섭하는 중이라고 한다.

관광지 사업에 대한 컨설팅을 몇 번이나 맡아왔지만 이런 식으로 여러 방법을 혼합해서 대부분 성공을 거둬왔다.

# 지방의 리모델링업체, 부유층 시장을 독점하다

상품의 라인업을 확대해 성공한 사례를 한 가지 더 살펴보고자 한다. 필자가 오랫동안 컨설팅을 담당하고 있는 지방의 한 리모델링업체인데 원래는 공공사업의 하청을 받던 공사업체였다. 그러다 곧 경영권을 받을 창업주의 아들이 이제 공공사업이 거의 없어질 텐데 어떻게 하면 좋을지에 대한 고민을 안고 필자를 찾았다.

컨설팅을 시작할 무렵, 때마침 사무실을 이전한다는 소식을 들었다. 계획을 바꿔 1층은 워크숍이나 전시, 세미나 등을 열 수 있는 카페 느낌의 공간으로 만들고 2층부터는 사무실로 쓰도록 조언하는 동시에 브랜딩 작업을 진행했다.

지방의 리모델링업체 중에 본격적으로 브랜딩을 실시하는 곳은 거의 없다. 그렇기 때문에 마크나 유니폼, 웹사이트, 책자, 전단지, 공사용 차량 등에 전체적으로 색깔을 통일해 하청업체라는 이미지를 완전히 탈피할 수 있도록 성장시켰다. 거기에다 상품의 라인업을 확장하는 방식의 가격 인상을 시작했다.

해당 업체에서 취한 방법은 현재 상품을 중간 가격대로 하

가격 인상의 기술

고 하위와 상위 브랜드를 새롭게 구축하는 것이었다. 손님 끌기 효과와 한층 더 상위 고객을 확보하기 위한 계획이었다. 이미 브랜드 구축을 통해 우량 고객으로부터 직접 수주할 수 있었지만 조금 더 젊고 센스 있는 고객층이나 단가를 극도로 올릴 수 있는 부유층 고객을 붙잡고 싶다는 생각에 라인업 확장 전략을 취하게 되었다. 언급한 고객층은 리모델링을 하고 싶은 것이 아니라 리모델링을 통해 얻을 수 있는 무언가를 가치로 느껴 구입을 결정하곤 한다.

단지 필요에 의해 쫓기듯 리모델링하기를 희망하는 고객은 단가가 낮을 수밖에 없다. 단가는 원래 리모델링에 관심 없던 고객이 특정한 계기 때문에 리모델링을 결심할 경우에 올라가므로 그런 계기를 만들 기획전이나 워크숍을 사무실 1층 카페에서 자주 개최하기로 했다.

그 결과, 멋있긴 하지만 선뜻 결정하기는 힘들다거나 상담을 받아보고 싶지만 금액이 너무 비싸진 않을까 고민하던 젊은 고객들로부터 문의가 폭주했다. 거기다 상류층 고객들이 자신만을 위한 맞춤형 리모델링을 요구하면서 지금까지 경험하지 못했던 규모(집을 통째로 새로 짓는 수준)의 발주를 받게 되었다.

최근 근황을 물어보니, '부유층 간의 정보 네트워크를 통해 계속해서 고객을 소개받고 있다'라는 소식을 들었다. 특히 고액의

지명입찰계약이 늘었다고 한다. 당시 전무였던 2세는 경영체질을 완전히 일신했다는 평가를 받고 얼마 전 사장으로 취임했다.

이러한 사례처럼 처음부터 기업이 제공하는 상품 및 서비스에 자신이 있고 고객의 신뢰도도 높지만 '막상 가격을 인상하자니 망설여진다'거나 '심리적인 두려움', '기업 내부의 의견이 일치하지 않는다'라는 이유로 가격 인상을 하지 못한다면 이 리모델링업체의 방식을 추천한다. 제공 중인 상품에 다양한 변화를 줄 수 있어 이 방법이 딱 들어맞는다면 망설이지 말고 시도해보길 바란다.

고객이 고액 상품을 선택하는 현실을 직접 목격하면 소비자의 심리(비싸니깐 산다, 나다운 것을 산다, 체험을 산다 등)를 이해하는 동시에 수익성이 현격하게 달라질 것이다. 이뿐만 아니라 상품에 가치(일반적인 가치, 고객 특유의 가치)를 더하는 설명의 중요성을 통감하게 된다.

# 성공한 모습을 상상해
# 10배의 가격에 팔다

지금부터 소개할 사례는 필자가 가장 추천하는 가격 인상법이다. 한마디로, 상품 설명에 '일반적인 가치'나 '고객 특유의 가치'를 추가하고 가격을 인상해 기존 상품 및 서비스가 2~3배, 많게는 10배 이상의 가격에 팔릴 수 있게 하는 방법이다. 물론 막상 실행하기에 심리적 부담이 클것이다. 그러나 이는 어디까지나 심리적인 부담이며 금전적·물리적 부담은 거의 없다는 것이 이 방법의 특징이다. 그러므로 마음을 굳게 먹거나 지적 이해와 그에 따른 의식 변화를 확고히 한 다음에 시도해보자.

사례를 소개하기 전에 앞에서 설명한 가격 인상의 효용에 대한 내용을 다시 한번 확인해보자. 가격을 2배로 올렸다면 판매는 지금까지 2분의 1(50%)의 성공률만 거둬도 된다. 2분의 1만 판매하니 시간도 반이나 단축된다. 동일한 매출을 기록하며 시간은 50%로 줄어든다니 가격 인상 효과의 위엄을 느낄 수 있는 대목이다. 이를 염두에 두고 가격을 인상할 수 있도록 설명 방식을 연구하는 한편, 그에 앞서 먼저 상품이 2배로 인상된 가격에 팔릴 수 있도록 해야 한다.

이 내용을 다시 확대 해석해보자. 10배의 가격에 상품을 판매하면 판매율은 지금의 10분의 1 수준이면 충분하다. 마찬가지로 매출은 그대로지만 이익률은 좋아지고 시간은 90%나 절약된다. 이런 인식을 바탕으로 10배의 가격에 상품이 팔릴 수 있도록 설명 방식에 대한 고민을 거듭하자. 이것이 바로 필자가 가장 선호하고, 또 자신 있게 권하는 가격 인상법이다.

상품 및 서비스 가격은 무엇으로 결정될까? 그렇다. '원가를 포함한 비용'이나 '타 업체와의 비교'가 아닌 여러분들이 제공하는 '상품 및 서비스가 가진 가치'에 의해 결정된다. 또 가치에는 '일반적인 가치'와 '고객 특유의 가치'가 있었다. 이 가치는 원래 알고 있는 고객이 있는가 하면, 전혀 모르는 고객도 있다. 후자, 즉 가치를 전혀 모르는 고객을 대상으로 가치를 바르게 전달할 수 있다면, 여러분이 제공하는 상품 및 서비스의 가치는 무궁무진하게 올라갈 수 있다.

따라서 똑같은 서비스, 똑같은 상품이라도 고객에 따라 전혀 다른 가격으로 판매할 수 있다는 점을 알아야 한다. 형태가 없는 상품, 즉 서비스업이나 업무 대행, 컨설팅 등의 업종에서 이런 방식이 특히 잘 통하는데, 형태가 있는 상품을 파는 경우에도 무형의 서비스를 더해 이 방식을 얼마든지 활용할 여지가 있다.

상품 및 서비스에 원래부터 형태가 없다면 가격은 얼마든지 자유롭게 붙일 수 있다. 그런데도 타 업체와 비교하면서 주눅이 든 탓인지 필요 이상으로 가격을 낮춰서 판매하는 경우를 자주 접한다. 타 업체의 가격은 신경 쓰지 말고 타 업체가 싸게 팔면 오히려 비싸게 판매해 차별화를 줄 수 있다는 점을 명심해야 한다. 일단 높은 값에 팔기 위한 설명을 연구하는 데 집중해주기 바란다.

덧붙여, 타 업체가 하나같이 낮은 가격을 고수하고 있다면 이는 가격을 인상시킬 수 있는 최적의 환경이다. '비싼 것에는 나름의 이유가 있다'라고 생각하는 소비자의 심리가 가격 인상을 성공으로 이끌어줄 것이다.

# 오래된 건설기업의 주택이
# 갑자기 잘 팔리게 된 놀라운 이유

상품 및 서비스 가격을 인상시키기 위해 가끔 클라이언트 기업을 방문해서 프레젠테이션에 추가할 만한 요소를 청취하고 탐색할 때가 있다. 그때마다 필자는 기업들이 고객에게 중요한 '가격 결정 요인'이나 '구매에 영향을 주는 요소'에 대해 갈피조차 못 잡고 있다는 생각을 한다. 기업들 대부분이 이처럼 중요한 요소를 간과하거나, 혹은 초점을 못 맞추고 있다는 사실이 놀라울 따름이다. 경영진을 필두로 직원 모두가 자사의 매출을 올리기 위해 불철주야 노력하며 상품과 서비스를 발전시키고 있는 반면, 판매 방식에 대해서는 신경을 쓰지 않는 상황인 것이다.

생각보다 이런 기업이 많다. 한 주택 건설기업의 경우도 그랬는데 필자에게 충격 그 자체였다.

이 기업은 에도시대부터 이어져 내려온 명문 중의 명문기업으로, 목재 도매를 하는 목재상으로 시작해서 서서히 사업 형태를 변형하다가 현재는 중견 주택 건설기업의 위치까지 이르렀다.

가격대는 대형 건설사와 비슷한 수준이었다. 그 지역에서 나는

가격 인상의 기술

목재를 사용해 개성과 독창성이 살아 있는 주택을 주력 상품으로 밀며 제법 선전했다. 그러다가 어떤 충격적인 진실(구매에 영향을 주는 요소)이 밝혀지면서 주택 판매 건수가 드라마틱하게 늘어나 원래 판매하고자 했던 금액보다 실제 판매가를 올리는 데 성공했다.

필자는 해당 업체의 창립 200주년 기념행사에서 흘러나온 영상을 보고 프레젠테이션에 추가할 내용을 찾았다. 놀랍게도 그 지역에서 가장 유명한 신사의 사당을 짓는 데 사용한 목재를 이 기업의 선대 사장이 기증했던 것이다. 확인해보니, 이 사실을 모든 직원이 알고 있었다.

참고로 그 신사는 지역 주민들이 시치고산(七伍三, 매년 11월 15일에 그 해 3살, 5살을 맞이한 남자아이와 5살, 7살을 맞이한 여자아이를 신사나 절에 데리고 가 아이들의 무사성장을 축하하는 전통 행사) 때 찾는 곳으로, 지역 주민들의 삶에 그 의미가 깊게 뿌리 박힌 장소였다.

모두에게 뜻 깊은 그 신사에 목재를 기증한 기업이라는 사실이 알려지면 절대적인 신뢰를 얻을 수 있다. 실제로 기증 당시의 사진과 해설 영상을 프레젠테이션에 덧붙이기만 했을 뿐인데 곧바로 판매 건수가 30%나 늘었다.

주택(상품)은 그대로였지만 설명을 바꾼 것만으로 수주가 30%

나 증가한 것이다. 그저 프레젠테이션에 영상을 추가했을 뿐인데 실적이 좋지 않던 영업사원까지 계약을 성사시켰다. 이 일화가 사내에서 화제를 불러 모으며 직원들의 열정에 불을 붙였다. '무려 200년이나 이어져온 기업이다. 당연히 건물 자체는 흠 잡을 데가 없었지만, 우리들이 제대로 설명하지 못한 탓에 그 가치가 고객에게 전달될 수 없었다'라는 사실을 모든 직원이 깨닫게 된 것이다.

그 후로 프레젠테이션 내용이 확 바뀌었다. '당사의 주택은 천연목재로 만들어졌기 때문에 몇 년이 흐르면 문이 안 닫히는 현상이 일어나기도 합니다. 하지만 이 또한 천연목재의 묘미라고 생각해주십시오. 그런 현상이 일어날 때마다 수리해드릴 것을 약속드립니다', '마룻바닥은 천연목재로 마감해서 타 업체와 비교해도 압도적으로 두껍습니다. 어린 자녀분께서 긁거나 그림을 그려도 괜찮습니다. 자녀분이 성장해 더 이상 긁힐 일이 없다고 생각되면 연락 주십시오. 표면을 깎아 깨끗하게 해드리겠습니다'라는 식으로 직원들 각자가 생각에 생각을 거듭해 완성한 설명은 가히 압권이었다.

실제로 문이 열리지 않는다는 클레임은 1년에도 몇 번씩 들어왔다고 한다. 천연목재를 사용한다는 증거였으므로 이를 프레

가격 인상의 기술

젠테이션에 적극적으로 활용한 결과, 어떤 고객들은 '고객 특유의 가치'로 받아들이기도 했다.

"이런 집은 다른 곳에 없다", "자신들이 바라던 꿈의 집이다", "얼마가 됐든 좋으니 이런 집에서 살고 싶다"라는 말과 함께 해당 업체가 만든 주택을 계약하는 손님이 늘고 있다고 한다.

이후로는 고객을 선별하기 쉬워졌다고 한다. 그 결과, 상품 개발의 방향성도 명확해져 천연소재를 고집한 주택 건설에 집중할 수 있게 되었다. 금액이 올라도 개의치 않으니 보람마저 느낀다고 한다.

이런 요소를 반드시 찾아야 한다. 설명 문구에 이 요소를 덧붙이거나 프레젠테이션 자료에 집어넣는 식으로 여러분의 기업이 제공하는 상품이나 서비스가 좀 더 높은 가격에 팔리는 계기를 만들기를 바란다.

고객과의 대화 중에 이런 항목을 슬쩍 넣기만 했을 뿐인데 고객들이 놀라울 정도로 순순히 납득하고 구매를 결정해서 상품이 날개 돋친 듯 팔린 사례를 수도 없이 목격했다.

이 사례에서는 모든 직원이 진작부터 알고 있던 사실(가장 큰 신사에 목재를 기증했다)을 계기로 프레젠테이션 내용에 '일반적인 가치'와 '고객 특유의 가치'를 더했을 뿐인데도 이렇게나 큰 성공을 거두었다는 점을 기억하자.

# 무형 문화유산에 등록되면서 날개를 달다

기업은 아무런 노력도 하지 않았는데 '일반적인 가치' 가 정보의 형태로 시장에 흘러 들어가서 놀라울 정도로 매출이 오른 사례가 있다고 하면 믿을 수 있겠는가?

이미 소식을 접한 분들도 있겠지만, 유네스코 무형문화재에 일본 종이(닥나무 섬유로 만든 일본의 전통 수제종이로 '와시'라 불리기도 함)가 등록된 바 있다. 이때 언론 취재를 받은 기업 중에 수년에 걸쳐 종이를 완성하는('종이를 뜬다'라고도 한다) 제조업체가 있었다. 이 업체는 따로 아무런 노력을 기울이지 않았는데도 뉴스를 접한 고객들의 문의가 빗발치면서 단번에 5년 치 주문까지 밀리게 되었으니 그야말로 '사건'이었다.

물론 TV의 영향이 절대적이었지만 처음으로 수년에 걸쳐 종이를 제작하는 기업(고객에게 '일반적인 가치'로 작용)이 존재한다는 사실을 알았기 때문에 구매로 이어졌다고 볼 수 있다. 일본의 종이업체가 모두 성황을 이루지는 않았다는 점을 고려하면 이를 이해하는 데 도움이 될 것이다.

여러분들도 상품을 비싸게 팔기 위한 정보를 프레젠테이

션 내용에 추가하기를 당부한다. 이를 위해 기업과 관련된 사실 및 증거, 지금까지 전달하지 않았던 정보, 표현하면 좋을 정보에 주목하기 바란다.

# 방송 관계자까지
# 경악한 사건

이번에는 방송 관계자에게 들은 사례를 한 가지 더 소개하겠다. '취침'에 대한 특집 프로그램에서 '꿈의 이불'이 소개되어 시청자로부터 문의가 쏟아졌다. 제조업체에 문의해보니 무려 600만 엔이나 하는 이불이 3세트나 팔렸다고 한다!

취침에 대해 상세히 설명하려고 방송용으로 '최고의 숙면을 이루기 위한 꿈의 이불!'이라는 콘셉트의 이불을 제작했다. 그러자 시청자로부터 이런 이불을 오래전부터 찾고 있었다는 문의가 왔다. 처음에는 장난이라고 생각했다고 한다.

"그런 말도 안 되는 이불을 사는 사람이 있다고?", "어디서 살 수 있는지 가르쳐달라고 하던데요" 등 해당 관계자는 당시에 느낀 놀라움을 그대로 이야기했다.

방송 프로그램이 '고객 특유의 가치'를 자극해 이런 결과를 만든 것이다. 한편 제조업체는 이 일을 계기로 고가 상품 개발에 착수했다.

# 📋 Key Point

## 가격을 인상할 때 기존 고객에 대한 대처는 어떻게 해야 하나?

→ 신규 고객을 대상으로 가격을 인상하고, 기존 고객에 대해서는 당분간 가격을 동결한다.

→ 신규 고객을 대상으로 한 가격 인상이 성공해 기업 내에서 상승한 가격이 자연스럽게 받아들여졌다면, 기존 고객에 대한 인상 작업에 착수한다.

→ 평균적으로 2년을 들여 가격 인상을 준비한다.

→ 구역 보호제도를 실시하던 프랜차이즈업체가 가격 인상과 함께 골칫덩어리 가맹점의 설득에도 성공해 경영에 박차를 가했다.

## 모든 업종에서 20~30% 가격 인상이 가능하다.

→ 아무런 준비 없이 실행이 가능하다. 설명 방식만 바꾸면 지금 당장도 가능하다.

→ 80엔짜리 만쥬를 250엔으로 올려 엄청나게 인기 있는 가게로 탈바꿈한 사례도 있다!

## 문제는 단 하나, 판매자 측의 기분에 따라 해결된다.

→ 가격 인상의 적은 고객이 아니라 직원들이나 경영자들의 마음속에 있다.

→ 가격 인상으로 연간 7,200만 엔의 이익이 발생한 여성복 업체가 있다.

## 상품의 라인업을 늘려 가격을 인상하는 방법

→ 현 상품을 하위 라인으로 두고, 상위와 중간 라인을 새로 구성해 가격 폭을 넓힌다. 호화 파르페 등을 만들어 매출을 몇 배나 올린 레스토랑이 있다.

→ 추가로 상품 라인을 만들어 '손님 끌기' 효과를 노린다. 리모델링을 통해 얻을 수 있는 가치를 전달하기 위해 워크숍 등을 개최한 기업도 있다.

**10배 이상의 가격으로 팔기 위해서는 어떻게 해야 할까?**

→ 성공한 모습을 상상한다.

→ '일반적인 가치'와 '고객 특유의 가치'를 덧붙여 설명하고 제대로 전달한다.

→ 같은 상품, 서비스를 고객에 따라 다른 가격에 판매한다.

→ 지역에서 가장 유명한 신사에 목재를 기증한 사실을 전달한 것만으로도 판매 건수가 30%나 오른 건설기업, 만드는 종이가 무형 문화유산에 등록 되면서 순식간에 5년 치 주문까지 밀린 종이업체, 그리고 방송에 나왔다 는 이유만으로 600만 엔짜리 이불이 3세트나 팔린 사례

# 6장

# '가격 인상' 프레젠테이션, 어떻게 성공시킬 수 있을까?

## 끝맺을 때 질문하자

지금까지 가격을 올리면 고객이 바뀌고, 가치를 전하면 한층 더 가격을 올릴 수 있다는 점을 설명했다. 많은 성공 사례를 보며 여러분 스스로도 실현 가능성을 느꼈을지 모르겠다. 앞에서 이미 말했는데 자문하는 기업 모두 반드시 묻는 질문을 기억하는가?

"고객이 떠나가지 않을까?", "사업이 막다른 길에 봉착하지는 않을까?"

지금까지 책을 읽어온 독자라면 이 질문은 그저 기우에 지나지 않음을 잘 알 것이다. 그러나 이 역시도 프레젠테이션이 제대로 되지 않으면 아무런 소용이 없다.

이번 장에서는 거래처와의 교섭을 위한 프레젠테이션 방법을 소개하려고 한다. 영업력이 필요한 부분이지만 어떻게 말하면 좋을지 시뮬레이션을 할 수 있도록 사례를 준비했으므로 읽고 직접 실행해보기 바란다.

# 프레젠테이션을 다시 살펴라

4장에서 '일반적인 가치'를 느끼는 요소, 즉 상품 및 서비스를 비싸게 팔기 위한 설명 방식을 말했다. 이를 참고로 여러분의 기업이나 만드는 상품, 서비스에 더해서 프레젠테이션을 진행하라. 앞에서 설명한 것처럼 희소성이 있다거나 생산량이 적다거나 하는 그런 요소 말이다. 그중 여러분들의 기업에 들어맞는 요소가 있다면, 틀림없이 비싸게 팔 수 있을 것이다.

또한 특정 고객층에 대해 자사 상품, 서비스가 가져올 수 있는 '고객 특유의 가치'가 무엇인지 진지하게 생각해보길 권한다. '고객 특유의 가치'는 눈앞에 있는 고객에게만 해당하는 가치나 제법 많은 인원이 느끼는 가치일 수도 있다. 항상 그것이 무엇인지 고민하라. 그리고 이런 요소는 프레젠테이션을 할 새로운 고객에 대해서도 상품 및 서비스를 높은 가격에 제시하기 위한 자신감이나 근거가 될 수 있다.

요소와 항목을 발견한 다음에는 기업의 상품과 서비스가 지금 가격의 최저 2배, 가능하다면 10배 이상의 목표가격에 팔릴 수 있도록 하는 것이다. 모든 항목을 담아 프레젠테이션을 만들고 실제 판매 활동을 통해 시행착오를 반복하면서 팔릴 때까지 마케팅 레벨 및 고객과의 영업, 교섭 레벨을 향상시킨다.

물론 처음에는 쉽지 않다. 하지만 그것이 당연한 것이므로 처음부터 잘 되지 않아도 안심하기 바란다. 초반에 심리적·행동적 불안함과 부담을 느끼는 것은 누구나 마찬가지이므로 개의치 말고 계속 몰두하라.

필자의 제안은 설명 방식을 바꿔서 상품 및 서비스의 판매량을 늘려야 한다는 뜻이 아니다. 설명 방식을 연구해서 지금 기준에서는 말도 안 될 만큼 비싼 가격에 상품, 서비스를 판매하라는 것이다. 굉장히 어려울 것이다. 이러한 말을 상사나 컨설턴트가 하면 어디 이상한 것 아닌가 싶겠지만, 그래도 실행에 옮겨야 한다. 왜냐하면 같은 가격에 더 많이 파는 것과 가격을 올려서 파는 것은 경영에 미치는 임팩트가 전혀 다르기 때문이다.

여러분과 속해 있는 기업의 장래에 있어서도 중요하다. 지금과 같은 상품, 서비스가 2배 높은 가격에 팔리면 어떤 결과가 발생하는지는 5장에서 설명했다. 이를 더욱 발전시켜 앞으로 일어날 사태와 상황을 제대로 인지하고 상상해보라.

10배 높은 가격에 상품과 서비스가 팔린다면 지금까지와 같은 매출을 10분의 1밖에 안 되는 기간에 얻을 수 있다. 이익이 껑충 뛰는 것은 물론, 90%의 시간을 또 다른 미래를 위해 쓸 수 있게 된다. 사전협의나 자료 제작, 전화나 메일 횟수도 모두 10분의 1로 줄어들므로 지금 하고 있는 업무로부터 해방될 것이 분명하다. 100명이 이익을 내던 업무를 단 10명이 해치울 수 있게 되니 외주나 관리 담당자의 필요성도 사라진다.

# 10배의 가격으로
# 인생이 바뀌다

필자는 컨설턴트로 활동 중이지만 동종업계의 상담을 받는 경우도 많다. 이 중에서 상품이나 서비스의 설명 방법을 바꾸고 프레젠테이션을 연구한 결과, 컨설팅 비용을 10배로 인상한 곳도 있었다. 가격 인상과 함께 삶의 레벨까지 바꾸는 데 성공한 A 대표의 사례를 소개하고자 한다.

이 기업이 제공하던 상품이나 서비스의 질에는 아무런 문제가 없었다. 문제는커녕 친절과 정성으로 클라이언트를 대하는 자세는 필자도 강하게 느꼈을 정도다. 지금까지의 실적도 나무랄 데 없었고 클라이언트의 평판도 양호했지만 딱 한 가지가 문제였다. 바로 가격이 너무 낮다는 점이었다.

필자에게 자문을 구하는 기업 중에 이런 케이스가 드문 건 아니다. 애초에 이 책을 써야겠다고 생각하게 된 이유도 상품, 서비스는 충분히 괜찮은데 이익을 내지 못 하는 기업이 이렇게나 많다는 사실을 염려했기 때문이었다.

그런 기업들이 이익을 내지 못하는 이유는 오직 하나다. 이번 케이스처럼 상품이나 서비스에 조금도 걸맞지 않게 가격이 너무 싸다는 것이다.

고객이나 클라이언트는 기쁘겠지만 기업의 경영 상황은 그 자리를 맴돌 뿐, 장래가 어두워진다. 자원봉사로 생각될 정도다. 그런데 의외로 이런 식으로 운영되고 있는 기업이 매우 많다.

> **필자** : 앞으로 10년 후에도 지금과 똑같을 텐데 괜찮으세요?
> **A 대표** : 그 사이에 뭔가 좋은 일이 생길 거라 생각해서 노력 중
> 이긴 한데….
> **필자** : 지금 이대로라면 그런 미래는 절대로 오지 않습니다.
> **A 대표** : !

이런 대화(면담)를 몇 번이고 나눈 후에야 '고객 특유의 가치'를 전달하기 위한 프레젠테이션 재검토와 가격 인상을 주문할 수 있었다.

가격 인상의 프레젠테이션을 결정하고 다듬는 과정에서는 가능한 한 '손님 끌기'를 강화하는 쪽에 초점을 맞춰 뼈대를 잡는 것이 바람직하다.

가격 인상의 기술

# 아홉 번 안 팔려도
# 한 번 팔리면 성공

손님 끌기 전략을 최대한 강화해 '가치'를 전달하고 프레젠테이션 내용에 가격 인상을 포함시켜 개선하면서 시행착오에 임한다. 이렇게 생각하면서 연습 삼아 프레젠테이션을 할 수 있으므로 느낌이 제법 달라진다.

아홉 번 안 팔려도 한 번 팔리면 대성공이라고 발상을 바꾸는 것이 키포인트다. 요컨대, 몇 번이고 실패해도 괜찮으니 예상 고객을 버려가며 대담하게 조율하자는 말이다.

앞에서 말했던 기업은 인사 컨설팅을 한다. 그래서 사업적으로 시너지 효과를 낼 수 있는 기업과 공동 세미나를 기획하고 세미나가 끝난 후에 무료 개별상담이라는 형태로 프레젠테이션 횟수를 늘리는 전략을 택했다. 해당 기업은 협력 기업에 계약 성사 시 컨설팅비 일부를 커미션으로 주는 형태로 공동 주최를 성사시켰다. 이 역시 가격을 10배로 올렸기에 가능했던 일이다. 그 덕분에 실질적으로 판촉비를 거의 들이지 않고 고객을 모을 수 있는 구조를 만들었다.

처음에는 가격을 제시하기 전부터 주눅이 들어버린 탓에 프레젠테이션 중에 목소리가 갈라지기까지 했다고 한다. 그러나 횟수를 거듭하면서 이야기하는 기술을 발전시켰고 무엇보다도 제공할 상품, 서비스에는 자신이 있었기 때문에 경청하는 고객에게 비싼 가격을 제시하는 데 익숙해졌다. 또한 고객과의 대화를 통해 '유명기업 출신', '미디어 다수 출연' 등 자신들의 경력이 가진 효과도 감지할 수 있었다. 고객이 원하는 '고객 특유의 가치' 역시 기업별로 다름을 알게 되었다.

세미나 뒤에 상담회를 시작하고 2주가 지났을 무렵부터 "파, 팔렸습니다!"라는 전화가 걸려왔다.

# 가격을 인상하고
# 경험한 첫 충격

A 대표는 상기된 목소리로 "팔렸습니다! 정말 팔리는군요! 깜짝 놀랐어요! 앞으로의 일을 상상하니 잠을 못 이룰지도 모르겠어요!"라면서 흥분을 쏟아냈다. 이 역시 매번 있는 일이다. 생각이 마구 뒤섞여 '흥분의 도가니' 상태에 이른 것이다.

참고로 이런 상태에 빠지면, 사람들은 정말 이 가격에도 팔린다는 사실에 거듭 놀란다. 동시에 '지금까지 몇 번이나 싼 가격에 프레젠테이션을 반복해왔던가', '이전에도 높은 가격으로 계약을 했다면 얼마나 많은 이익을 얻었을까?', 혹은 '얼마나 손해를 봤을까?' 등의 생각이 순식간에 펼쳐지게 된다.

A 대표 역시 "집을 몇 채나 살 수 있는 돈을 손해 보며 살았군요"라며 기뻐하는 건지, 화를 내고 있는 건지 모를 말투로 이야기를 반복했다.

사람들 대부분 인상된 가격에 상품이 팔린다는 사실을 알게 되면, '더 높은 가격에 팔아도 괜찮지 않을까'라는 생각을 하게 된다. 또 경영 상황이 개선된 점을 근거로 더욱 대담하게 가격을 인상하려는 경향이 있다. 다소 폭주할 기미를 보이는 경영자들도 있지만, '지금까지 쌓인 울분을 저렇게 푸는구나' 싶어 말리지는 않는다.

앞서 말한 일화는 수년 전에 있었던 일로, 지금 A 대표의 기업과 생활은 당시와 180도 변했다. 사업의 특성상 원가가 들지 않는 일이기 때문에 당연히 이익은 10배 이상 올랐고, 그때까지 매출을 올리려고 동분서주하던 A 대표에게도 시간적 여유가 생겼다. 우수한 인재를 채용하고 키우기 시작한 결과, 조직화에 성공할 수 있었다.

그렇게 성장한 인재들 덕분에 A 대표는 시간 대부분을 기업의 미래에 대한 연구에 몰두할 수 있게 되었다. 또한 오랜 취미였던 여행과 드라이브로 세월을 즐겁게 보내고 있다.

가격 인상의 기술

# 결정타는 요금 제시와
# 그 후의 흥정 방식

필자가 설명한 '요금 제시 방법'과 '그 후의 흥정 방식'은 가격 인상의 프레젠테이션 과정에서 가장 중요한 요소이기에 따로 정리했다.

6개월에 60만 엔, 한 달에 10만 엔이면 뭐든지 해주는 식의 서비스를 제공하는 컨설팅 기업이 있었다. 필자는 자문하면서 먼저 메뉴를 정확하게 명시하고 각각의 서비스 시간을 상정했다. 기업 대표가 유명 대기업 출신에 경력도 훌륭했고 미디어 노출 경험도 있었기에 가격은 6개월에 600만 엔으로 정했다.

사업 특성상 매입가나 원가는 존재하지 않으므로 가격을 정할 때 최소 어느 정도의 금액이면 계약하는 것으로 정했다. 물론 이 경우에도 그냥 가격만 낮춰서는 곤란하므로 상대방의 예산에 맞춰 제공항목을 지우고 그 부분은 상대방과 분담하는 구조로 만들었다.

통상 이런 식으로 가격 인상의 프레젠테이션을 할 경우, 인상된 가격에서 어느 수준까지 양보할지 협의점도 미리 정해야 한다. 이때 필자는 어느 정도 금액이면 만족할 수 있는지, 양보를 한다면 어디까지 괜찮은지, 혹은 상품 및 서비스를 제공하는 데 있어 얼마까지 행복을 느끼는지 등을 묻는다. 이처럼 상대방과 의논을 하며 정하는 경우가 대부분이다.

또한 그 금액의 최저 기준(이 사례의 경우에는 반년에 300만 엔)을, 이 정도가 적당하겠다 싶은 정식 금액(반년에 600만 엔)을 설정해서 실제 프레젠테이션에 임했다.

가격 인상의 기술

# '질문형 문장'에 의한
# 요금 제시

드디어 가장 중요한 부분이다. 필자가 가격 인상을 유도하는 과정에서 발견한 끝맺음 방법을 알려주려고 한다. 필자의 말에 따르기만 하면 모두 잘될 것이므로 처음에는 재거나 따지지 말고 설명 그대로 따라했으면 한다. 나중에 감을 잡은 느낌이 들었을 때 여러분 나름의 독창적인 방법으로 옮겨갈 수 있도록 기술을 갈고닦자.

'고객 특유의 가치'에 대해 충분히 이야기한 후, 요금 제시와 구매 결정 단계에 이르렀다면 반드시 질문형 문장과 표현을 사용해서 마무리해야 한다.

'이게 다야?'라고 생각하지만, 정말 이게 전부다. 마지막에는 반드시 질문형 표현을 사용하는 것이 가장 중요하다. "가격은 ○○○엔입니다만, 어떠십니까?", "괜찮으시겠습니까?", "문제없으십니까?" 하고 가격을 의문형으로 제시해 상대방에게 던지면 계약이 잘 성사된다.

앞에 나온 컨설팅 기업의 경우, "…한 서비스의 가격은 6개월에 합계 600만 엔입니다만, 어떠십니까?"라고 묻도록 지시했다.

그러자 상대방이 "알겠습니다. 그렇게 합시다"라고 답해 순조롭게 계약이 결정되었다.

여기서 파생된 또 다른 질문 형태로는 "금액은 ○○엔 입니다만, 상품은 자택으로 보내드릴까요? 아니면 회사가 좋으십니까?", "언제부터 착수하면 될까요?", "첫 미팅은 다음 달이나 다다음 달 중 언제가 좋으신지요?" 등이 있다. 제공하는 상품이나 서비스에 따라 표현을 달리하는 것이다.

금액에 대한 질문의 답은 "예" 또는 "아니오"가 분명하게 나뉜다. "예"라면 구입으로 이어지고, "아니오"라면 상대방의 요구에 맞춰 가격을 낮출지 말지에 대한 대화가 계속된다. 파생 형태인 "어디로 보낼까요?"라는 질문에 "집으로 보내주십시오"라는 답이 돌아왔다면 '구입 OK'라는 의미이므로 계약까지 성사될 것이다.

보내는 것에 대한 답변이 "아니오"라면 "무엇이 문제입니까? 내용입니까, 금액입니까?" 하고 계속 질문하자.

제공하는 상품이나 서비스에 납득할 만한 가치가 있다면, 고객들 대부분은 '요금 제시+질문'의 마무리하는 단계로 넘어가 순조롭게 계약을 결정하거나 가격을 흥정하게 된다.

컨설팅 기업의 대표에게도 이런 내용을 알려주면서 처음에는 앞서 말한 대로 "…한 서비스의 가격은 6개월에 합계 600만 엔입니다만, 어떠십니까?"라는 문장을 외우도록 했다.

믿기지 않을 수도 있지만 고객이 여러분의 상품이나 서비스에 가치를 느낀다면, "네, 문제없습니다" 혹은 "그걸로 하죠"라는 답변이 꽤 높은 확률로 돌아온다. 이 기업의 대표도 처음 계약을 성사시킨 고객의 답변이 "알겠습니다. 그걸로 부탁드리죠"였다고 한다.

# 질문 형태의
# 장점

앞에서도 살짝 언급했듯이 마지막 문장을 질문형으로 던지면, 고객은 자신의 생각을 비교적 자연스럽게 판매자 측에 전달하게 된다. 인간의 뇌는 질문을 받으면 답을 해야 한다는 반응을 보인다. 뇌의 특성과 심리가 작용한 탓에 생각하는 바를 솔직하게 말해주는 것이다.

사야 할지, 말지를 생각하고 있을 때, "어떻습니까?"라고 답변을 재촉하면 구매하는 방향으로 생각이 기울던 고객은 자신의 감정을 "아, 네, 괜찮습니다"라는 말로 표현하기 쉬워진다. 사고 싶지 않거나, 고민 중일 때에도 상대방이 질문 형태로 상황을 묻게 되면 "그렇게까지 예산을 들일 계획은 없었습니다만…", "실은 예산과는 별개로 이러한 문제가 있어서…" 하고 고민을 들어달라는 느낌으로 답변한다.

물론 이것은 프레젠테이션, 그것도 마무리 단계라는 긴박한 상황일때 상대방에게 하는 말이므로, 몇 번씩 롤플레잉(role-playing)을 거쳐 상대방이 긴장하지 않도록 표현을 갈고닦을 필요가 있다. 이런 식의 끝맺음을 할 수 있게 된다면 실패할 일이 없어지므로 반드시 연습하자.

가격 인상의 기술

# 합의점을 정하는
# 끝맺음 시뮬레이션

여러분이 제시하는 금액에 상대방이 "아니오"라고 답한다면 어떻게 해야 할까? 앞에서 말했던 기업에게도 다음과 같은 해답을 제시했다. 상대방이 희망하는 금액을 질문하면서 서로가 바라는 금액에 대한 주제로 이야기를 전환해 합의점을 정하는 느낌으로 마무리 짓는 것이다. 이때도 능숙하게 질문을 던지는 것이 중요하다. 구체적인 대화 예시를 들어보겠다.

**컨설턴트** : 예산 때문에 힘드시다는 말씀이시군요. 알겠습니다. 그렇다면 방금 설명드린 인사제도 구축 지원서비스에 관해 어느 정도까지 예산을 들이실 수 있는지요? 생각하고 계신 가격대를 알려주십시오.

**상대방** : 총 ○○만 엔 정도라면 이번 분기 예산에 맞출 수 있을 것 같습니다.

이때 상대방이 제시한 금액이 예상했던 가격 범위 내(이 경우는 6개월에 300만 엔 이상)라면 받아들인 다음, 상대방에게 업무

분담을 제시하는 등 계약에 들어간다.

상대방이 제시한 금액이 예상과 맞지 않으면 "아무래도 그 금액은 받아들이기 힘들다"라고 말한 다음, 요금 인상과 업무 분담에 대한 이야기에 돌입하자. "지금 말씀하신 금액에 ○○엔만 더 부담하시고 △△ 작업은 귀사에서 시행해주신다면 가능할 것 같습니다. 어떠십니까?"와 같은 형태로 대화를 이끌어가는 것이다.

보통 이런 식의 대화를 몇 번 반복하다 보면 결론이 도출되면서 계약으로 연결되는 경우가 대부분이다. 가격을 인상한 만큼 흥정의 폭도 늘어나므로 이야기를 원활하게 이어갈 수 있다. 이 작업이 익숙해지면 끝맺음 단계 자체가 즐거워질 것이다.

지금까지 고객에게 가치를 전달해서 가격을 올리는 전형적인 방법과 프레젠테이션 내용, 대화를 소개했다. 이런 일련의 방법으로 음식, 점포, 판매, 숙박시설, 제조업, 웹 사이트 제작, 검색 엔진 최적화 대책, 시스템 개발 및 IT 서비스, 학원, 가정교사 등 학습 비즈니스, 시술 비즈니스, 치과, 미용 의료, 전문서비스 등 다양한 업종과 업계에서 10배 이상의 가격 인상에 성공해왔다.

# 타 업체의 상품을
# 비싸게 파는 방법

지금까지 설명한 사례를 보며 아직도 '그렇군, 이런 방법도 있다니! 하지만 우리는 가격 인상이 절대 불가능하다. 애초에 가격 인상이 가능한 업종이나 업무에 국한된게 아닌가'라고 생각하는 독자가 있을 것이다.

그래서 이번에는 일반적으로 가격 인상에 대한 논의가 힘들거나 불가능하다고 여겨지는 업종, 직종에서 필자의 제안으로 효과를 본 가격 인상법을 말하려고 한다. 대표적으로 가격을 올려도 '취급 상품, 서비스에 가치를 부가하기 힘들다', '그 가격대 상품은 업계에 존재하지도 않는다', '어디서나 팔고 있는 기본 상품을 판매한다'라는 사업 분야나 기업에 적합한 가격 인상법이다.

이런 경우, 가격을 올리기 위해 필요한 것은 지금 존재하는 상품에 '눈에 보이는 뭔가를 더 한다'는 식의 사고방식과 '그로 인한 사업 형태의 변혁'이라는 수법이다.

'눈에 보이는 뭔가'란 무엇일까? 앞에서 가격을 올리기 위해 프레젠테이션에 정보를 더한다고 했다. 이 정보를 대신할 눈에 보이는 물건이나 행위를 기존 상품 및 서비스에 부가한다는 뜻이다.

 이렇게 이야기만 해서는 이해가 쉽지 않겠지만 '유럽의 일류 셰프를 불러 직접 요리를 시키거나 감수 부탁', '유명 프로 골퍼에게 골프클럽의 디자인이나 코스 설계 의뢰', '100년 기업이나 유명한 장인과의 협업을 통한 상품 개발' 등을 예로 들면 이해가 빠를 것이다. 더 나아가 '일본인이 거의 찾지 않는 유럽 일류 리조트에서 2주간 머무르며 자신만의 브랜드 구상' 등 여러 가지를 덧붙이면 좀 더 '가치를 올릴' 수 있다. 다시 말해 앞에서 예로 든 '사람', '브랜드', '기업', '장소' 등을 지금의 상품, 서비스에 더해 가치를 높이면서 가격을 올리는 것이다. 이런 과정을 통해 여러분의 사업은 고도로 브랜드화가 되어 상품 및 서비스에 '가치'를 부가할 수 있게 된다.

# 온라인 조리기구 판매업체의 놀라운 전략

지금부터 소개할 사례의 주인공은 인터넷에서 조리 기구를 판매하는 기업이다. 제조업체는 아니고 별도의 제조업체에 주문을 넣는 방식으로 독창적인 상품을 개발해 판매하고 있다. 필자가 컨설팅을 맡게 되었을 때는 이미 꽤 괜찮은 실적을 내던 기업이었다.

지금 이렇게 실적이 잘 나오는 것을 활용해 경쟁업체를 더 압도하려고 필자를 찾아온 것이었다. 당시 이 기업의 목표는 '한계치까지 가격을 인상해보고 싶다'였다.

이 업체의 경영자는 경영 센스가 매우 뛰어났다. 필자에게 오기 전부터 '업계 최고의 기업은 시장에서 왜 최고라 인식되는가? 해당 업계에서 가장 비싼 값에 상품을 판매하는 기업이 최고라 불린다!'라는 점을 이미 알고 있었다.

이런 이해는 3장에서 '비교'를 설명할 때 말한 것처럼 압도적인 효과를 발휘한다! 그 임팩트가 엄청나서 창립한 지 얼마 안 되는 신생기업이 100년 기업보다 위에 있다는 인상을 시장에 남길 정도다. 특히 인터넷이나 언론 노출의 관점에서 보면, 이 효과는 실로 중요하다. 모름지기 언론은 알기 쉽고 화제가 되는 것을 좇는 속성이 있다. 가장 비싼 상품을 판다는 이유로 오래된 기업을 제치고 취재 대상으로 선택될 수 있음은 앞에서도 설명했다. 그것도 통상적인 가격대에서 가장 높은 것이 아니라 업계 평균보다 압도적으로 높거나 깜짝 놀랄 정도의 금액에 판매되는 상품을 보유하고 있다면, 임팩트는 더욱 강해진다.

앞에서 이야기한 고급 요리점이 사라진 이유를 참고해서 선택한 방법이 '지금 상품에 눈에 보이는 뭔가를 더 하자'였다.

'눈에 보이는 뭔가'는 앞에서 설명한 대로 프레젠테이션에 더할 만한 정보를 가진 가격 인상의 이유가 될 사람이나 회사, 장소 등의 요소를 말한다.

조리기구의 가격은 '도구'라는 특성상 매일 사용하기 때문에 외국 제품이라고 해도 눈에 띄게 비싼 제품은 거의 없다. 일류 요리사가 사용하는 식칼이라 해도 10만 엔을 넘는 제품은 극히 드물다. 압도적으로 비싸게 팔고 싶어도 기존 가격대를 고려하면 '지금 가격대에서 그리 쉽게 가격을 올리기 힘든' 상품인 것이다.

그렇다면 과연 어떤 방법을 취했을까? 가격 인상을 위해 선택한 방법은 조리 도구와 협업할 수 있을 법한 각 분야의 장인, 기술자, 예술가, 디자이너 등을 설득해 상품에 상징적인 요소를 적당히 넣는 것이었다. 예를 들어, 냄비 뚜껑에 어마어마한 디자인의 문양을 넣어 완성되기까지 반년은 기다려야 하는 특별 주문상품으로 판매하거나 말도 안 되게 비싼 고급 칠기를 예술가와 협업해서 판매하는 것이다. 설령 팔리지 않아도 업계에서 가장 비싼 상품을 파는 브랜드로 인식되면 성공이라는 계획에 따라 처음에는 반쯤 언론을 의식한 전략의 일환으로 진행되었다.

그런데 요리를 정말로 좋아하는 고객, 혹은 그런 분들을 위해 선물하고 싶다는 고객들로부터 점차 주문이 들어오기 시작했다. 어쩌면 가격에 상한선이란 없을지도 모른다는 생각이 들 정도로 고가의 상품에도 주문이 들어왔다.

더욱 깜짝 놀랄 일이 벌어졌다. 한번 이 상품을 샀거나 선물받은 고객이 다른 상품도 주문하기 시작한 것이다.

요리 마니아의 경우 한번 마음에 든 도구나 정말 좋은 도구를 쓰게 되면 다른 도구들도 비슷한 수준으로 맞추고 싶은 습성이 있듯이 "이런 상품도 만들어줬으면 한다"라는 문의가 빗발쳤다. 고객의 사용 후기 중에 '매일 사용하는 물건인 만큼, 즐겁고 만족할 수 있는 도구를 이용해 맛있는 요리를 만들고 싶다'가 있었다. 그렇게 30~60만 엔 정도 하는 상품이 매달 몇 개씩 꾸준히 팔리고 있다.

덧붙여 말하자면, 처음부터 온라인에서 성공한 기업이었기 때문에 손님을 끌어모으려고 고민할 필요는 없었다. 사이트 내에 배너를 달아 해당 상품으로 이동하도록 유도한 것만으로도 문의 메일이 들어온 것이다.

필자가 취한 방식에서 여러분들이 상상하기 힘든 부분을 첨언하고 싶은 것이 있다. 바로 문의 메일에 대한 대처 방법이다. 해당 업체에서는 수차례 메일을 주고받은 후에, 최종적으로는 전화로 끝맺는 방식을 취했다.

"찾고 계신 냄비는 디자이너 ○○의 그림이 들어간 제품으로, 다른 업체에는 절대로 없습니다. 어떠신지요?" 하는 식으로 대화를 이끌어갔다.

이때도 질문에 의한 끝맺음은 매우 효과적이다. 가격 인상의 방식에서 질문형 끝맺음은 필수이므로, 어떤 형태의 사업을 구상하든 간에 마지막에는 반드시 질문으로 끝을 내라.

이런 현실을 보면 시장이 성숙기에 접어들어 다양화·세분화가 진행되는 것을 알 수 있다. 고객은 절대로 가격이 싸다는 이유로 상품이나 서비스를 사는 게 아니라는 말이다.

가격 인상의 기술

# 스테디셀러에
# 서비스를 더해 성공하다

오랜 시간 꾸준히 팔리는 책을 '스테디셀러'라고 한 다. 이 '스테디셀러'의 의미가 확장되어 어떤 분야이든지 꾸준히 판매되는 상품 또는 서비스까지도 '스테디셀러'라고 한다.

이번에는 오랜 시간 꾸준히 팔리는 스테디셀러 상품 또는 어디서나 취급하는 상품을 만드는 기업에서 취할 수 있는 가격 인상법이다. 바로 현재 상품에 유·무형의 서비스를 더하고 심지어는 사업 형태까지 바꿔 가격을 올리는 것이다.

어디서나 취급하는 상품을 파는 업종인 만큼 아무래도 가격 인상은 불가능하다고 생각한다. 그러나 이 상품에 서비스나 보수, 점검 등을 더해 종합 서비스 판매로 사업 분야를 확장한다면 가격을 올릴 수 있다. 이러한 방법을 활용한 사례는 다음과 같다.

- 1회당 얼마라는 식으로 가격을 정한 자동차 흠집 방지용 특수 코팅업체가 있었다. 고객이 자동차를 코팅한 후 2년 동안 무슨 일이 있어도 무상 수리를 해주는 서비스를 더한 다음,

회원 가입을 유도해서 고정 고객으로 만들었다.

- 세미나 행사업체가 세미나를 1회씩 판매하던 방식에서 각 기업의 사원들이 몇 번이든 참가할 수 있는 연간제 교육 인프라 서비스로 전환했다.
- 인쇄회사가 인쇄 효율을 높이기 위해 자사뿐만 아니라 타사에서도 사용할 수 있는 서비스를 제공하면서 업무를 의뢰한 기업에 요금을 부과했다.

여러분의 기업이 이와 같은 예에 해당할 경우, 반드시 실행을 고려해보기 바란다. 재미있는 아이디어가 샘솟을 것이다.

# B2B 또는 대기업을 상대로
# 가격 인상은 어렵다

B2B 사업을 전개 중인 기업이나 대기업을 상대하고 있는 기업의 가격 인상법을 소개하겠다. 이에 해당하는 기업들을 자문할 때에는 필자도 처음부터 가격 인상은 무리가 있다고 말한다. 아무래도 납품이나 하청 등 기업 간 거래가 주(主)를 이루다 보니 거래처가 원하는 가치나 원가 절감, 효율 증대가 더 중요하기 때문이다. 그래서 기존에 제공하던 상품, 서비스 가격을 올리는 것은 거의 불가능에 가깝다.

인구 감소의 영향으로 시장이 축소된 탓에 기업 간의 경쟁은 계속 치열해지고 있다. 대기업이 숫자의 논리를 들어 더 낮은 가격을 요구할 가능성도 있기 때문에 현상만 유지해도 충분히 대단하다.

이런 상황을 고려해 B2B 사업에서 가격을 인상하려면 기존 거래처는 그대로 두고 새로운 거래처가 될 기업을 중심으로 가격을 올려야 한다.

왜 내가 가격 인상은 새로운 거래처가 될 기업을 중심으로 해야 한다고 강조하는 것일까? 그것은 실제로 B2B 사업을 벌이는 기업의 경우 기존 거래처를 대상으로 가격을 인상할 방법을 문의하는 경우가 많기 때문이다. 일반 고객에 대한 가격 인상 요구와 거래 중인 기업 간의 가격 인상 요구 중에서 후자가 경영상의 리스크가 압도적으로 크다. 그렇기에 가격 인상의 요구가 가능한 수준으로 경영 상태를 개선하지 않았는데 가격을 인상하는 것은 위험하기 때문에 앞에서 말한 방식은 반드시 지켜주기 바란다.

기존 거래처와 관계를 맺었기 때문에 현재의 사업을 할 수 있었고 그 덕분에 가격 인상을 위한 전략 수립이 가능하므로 신규 고객(거래처)에 대한 대처에서부터 가격 인상을 시작하는 방향으로 사고를 전환하라.

# B2B에서도
# 가격 인상이 가능하다

이제 본격적으로 B2B 사업에서의 가격 인상 방법을 설명하겠다. 크게 다음 4가지다.

1. **거래처의 신용도를 높인다.**
2. **가격 인상의 이유가 된다.**
3. **부유층 및 양질의 고객을 대상으로 고가의 상품, 서비스를 제공하는 기업에 접근한다.**
4. **접근할 기업의 최상위 상품 라인에만 상품, 서비스를 제공한다.**

'거래처의 신용도를 높인다'는 것은 특정한 가치(역사, 전문성, 독자적인 기술이나 증명)를 제공해서 거래처가 이를 상품을 팔 때의 장점으로 살려야 한다는 말이다. 이미 소유하고 있는 '일반적인 가치'나 '고객 특유의 가치'를 거래처에 선보이면서 '경쟁력이 증대'한다는 점을 설명하고 이해를 얻을 수만 있다면 가격 인상은 가능하다.

B2B 기업 중에는 자사의 가치를 인식하지 못하는 경우가 많

다. 일본 유일의 기술이나 독자적인 노하우를 갖고도 그 가치를 정보로 제공하지 않는 것이다. 이런 요소를 기업 설명에 포함한다면 높은 확률로 거래처를 상대로 신용도를 높일 수 있다.

'가격 인상의 이유가 된다'는 것은 자사가 직접 상품, 서비스의 가격 인상을 지시할 수 있는 입장이 되면 가격 인상이 가능하다는 말이다. "세계에서 오직 저희 회사만이 제품에 ○○의 기술을 사용하고 있습니다"라고 홍보할 수 있는 것처럼 상품 및 서비스의 가치를 높이는 입장이 된다면 가격을 인상할 수 있다.

'부유층 및 양질의 고객을 대상으로 고가의 상품, 서비스를 제공하는 기업에 접근한다'는 것은 상위 마켓을 지향하고 높은 가격에 상품을 제공하는 기업을 신규 영업 대상으로 정해 접근하는 방식을 말한다. 시장 변화에 맞춰 경영 방침 또는 기업 전체를 바꾸거나 새로운 시스템을 마련해서 부유층이나 양질의 고객에 맞춘 상품 및 서비스를 제공하는 기업이 늘기 시작했다. 이런 기업에 접근해 자사의 가치를 제공하면서 가격을 인상하는 전략이다.

'접근할 회사의 최상위 상품 라인에만 상품, 서비스를 제공한다'는 것은 거래처를 개척할 때 최상위 상품에만 자사의 가치 있는 기술과 서비스를 제공하면 가격을 인상할 수

가격 인상의 기술

있다는 말이다. 이는 제공하는 상품, 서비스를 한정지어 성공할 수 있는 방법이다. 의외로 잘 알려지지 않은 방법이지만 거래처의 입장에서는 가격 인상에 대한 저항감이 없다는 특징이 있다.

어느 기업이든 최상위 상품 및 서비스는 자사 최고의 브랜드인 동시에 얼굴이기 때문에 가격을 낮추려고 하지 않는다. 따라서 최상위 상품 및 서비스에 대한 제안에는 가격 할인의 논리가 적용되지 않는다. 영업이 가능한 여지가 남은 영역이므로 이 부분에만 집중해서 접근하면 흥미로운 결과로 이어질 수 있다.

해당되는 기업은 '비싸니까 사겠다'라는 고객이 상당수 존재함을 이미 알고 있다. 그러므로 제공하려는 상품, 서비스의 가치를 가격 인상의 이유로 들면 된다.

어떠한가? 이렇게 설명을 듣다 보니 B2B 사업에서 가격 인상도 무리수가 아니라 실현 가능한 것으로 여겨지지 않는가?

# 특허가
# 보증수표다

얼마 전에 의약품, 건강 보조식품의 원료를 제공하는 작은 규모의 기업을 컨설팅한 적이 있었다. 여러 가지 질문을 던지는 과정에서 중요한 가치의 존재를 기업이 모른다는 사실을 알았다. 바로 '특허'와 '인간관계'다.

해당 기업은 독특한 원료 추출 방법을 개발해서 특허를 취득했다. 또한 연구 개발에서 특허를 취득하기까지 함께 논의하던 전문가들이 기업 대표의 열의와 인격에 반해 매우 협력적인 관계를 맺고 있었다.

현실적으로 특허를 취득해도 중소기업 입장에서 사업으로 연결시키기는 매우 어렵다. 특허가 있어도 판매 능력과 홍보 능력이 없으면 사람들에게 알려지지 않을 뿐만 아니라 대기업이 마음만 먹으면 얼마든지 자본으로 무릎 꿇게 만들 수 있기 때문이다. 그래서 특허는 대기업이 이용할 때에 비로소 효과를 발휘하는 법이다.

그러나 이 기업에는 대기업조차도 손에 넣기 힘들며 돈으로도 환산할 수 없는 무형의 가치, 즉 전문가 집단(도쿄 대학교 교수들부터 해당 분야의 세계 1인자까지)과의 깊은 인간관계가 존재했다.

해당 기업도 특허는 제법 의식하고 있었으나 어떻게 사용하면 좋을지에 대한 아이디어, 전략적인 이용 방법을 찾지 못하고 있었다. 대기업과 경쟁하기 위해 취득한 특허였으므로 대기업에 이 특허를 가격 인상의 수단으로 제시해야 한다는 발상은 없었던 것이다.

필자는 친분 있는 전문가들을 사외이사로 섭외해 웹사이트나 팸플릿 등에 등장시키는 방식으로 특허의 보증수표처럼 보이는 전략을 제안했다. 이후 대기업과 미팅할 때에는 이들을 참석시켰다. 대기업 연구원들은 그 정도 권위 있는 전문가들이 미팅 때 나오리라고 상상도 못했을 것이다. 이러한 깜짝쇼의 효과는 엄청났다. 깜짝 놀라 사인을 요청한 대기업 관계자도 있었다.

또한 전문가 집단을 중심으로 심포지엄을 개최하고 정기적으로 논문을 발표했다. 그 자리에 대기업 담당자를 초대해 교수진과의 교류를 도모하는 한편, "우리 기업에서 원료를 공급받으면 전문가들의 코멘트와 심포지엄 내용을 상품 설명에 활용할 수 있다"라는 점을 어필했다.

정보화 사회가 도래하면서 구입에 대한 대기업의 방향도 조금씩 변하고 있다. 가격만을 따지지 않고 오히려 가격보다 '근거= 보증수표'를 중시하는 경향을 띠게 되었다. 싸니까 제대로 확인하지 않고 매입했다가 사회적 물의를 일으켜 떠안게 될 경영 리스크를 두려워하는 시대가 된 것이다. 특히 인터넷시대에는 한 개인의 의견에 따라 주가가 급락하고 도산의 위기까지 내몰릴 수 있다는 사실을 여러 사례를 통해 체감하고 있다.

앞서 설명한 전략은 대기업 입장에서 보면 보유한 상품의 브랜드 가치를 높이고 고객에게 높은 가격에 판매할 수 있는 근거가 된다. 원료 가격을 높인다고 해도 별 문제 없이 판매될 가능성이 높다.

만일 경쟁사가 보증수표로 대변되는 특허로 된 원료를 받는다면 제아무리 유명한 기업이라도 타격을 입는다. 그러므로 대기업 입장에서는 경쟁사보다 먼저 원료를 구입하는 것 외에는 선택권이 없다. 해당 기업과 대기업 간의 역학관계가 완성되는 순간이다.

해당 기업은 이와 같은 방식으로 3배 높은 가격에 원료를 공급할 수 있었다. 그렇게 얻은 이익도 기존의 몇 배로 뛰었기 때문에 엄청난 고수익의 기업으로 화려하게 변신할 수 있었다.

가치를 최대로 끌어올려 거래처와 라이벌 관계에 있는 또 다른 대기업에도 원료를 공급하는 전대미문의 성과를 냈다. 보통 계열로 묶어 생각하기 때문에 A사는 B사와 거래하는 기업과는 거래하지 않는 암묵적인 규칙이 있지만 해당 기업

가격 인상의 기술

은 현재 몇 개나 되는 관련업계 대기업과 동시에 거래하고 있다.

　B2B 사업에서는 가격 인상을 위해 먼저 생각의 전환이 필요하다. 양질의 고객에게 비싸게 팔려는 기업이나 갖고 있는 간판상품을 갖고 새로 접근할 대상을 좁히는 작업이 중요하다.

　이제 보증수표를 포함해서 상품 및 서비스의 가치를 향상시키고 비싸게 팔기 위한 근거를 제공하는 입장에 설 수만 있다면, 가격 인상이 가능하다는 사실을 이해했을 것이다. 요컨대, 거래처가 필요로 하는 가격 인상을 위해서는 가치 창조가 반드시 필요하다. 여러분들이 가진 '일반적인 가치'나 '고객 특유의 가치'로 그 역할을 대신하거나 제안해서 이를 깨닫게 할 수만 있다면, 가격을 올리는 것은 어렵지 않다.

　필자는 이런 연구를 통해 지금까지 B2B 사업에서도 10배 이상의 가격 인상을 실현하기도 했다. 그리고 현재 B2B 사업을 하는 기업 중에서 이러한 생각으로 전환한 경우가 거의 없기 때문에 잘만 하면 독주할 가능성이 높다. 부디 대상 고객과 상품을 판별하면서 발상을 전환할 것을 권한다.

# 📋 Key Point

**프레젠테이션을 다시 살피고 시행착오를 반복한다.**

→ 자사에 맞는 '일반적인 가치'를 프레젠테이션에 포함한다.

→ 거래처에 '고객 특유의 가치'가 무엇인지 항상 고민한다.

→ 설명 방식을 연구해서 많이 팔기보다 높은 가격에 파는 것을 고민한다.

→ 프레젠테이션을 통해 기존에 제공하는 서비스를 10배 높은 가격으로 판
  매해서 인생이 뒤바뀐 인사 컨설팅업체 대표도 있다.

**아홉 번 안 팔려도 한 번 팔리면 대성공이다.**

→ 손님 끌기 전략, 가치 전달, 가격 인상을 포함한 프레젠테이션과 시행착오
  를 반복하며 인식을 바꾼다.

→ 예상 고객을 버려가며 대담하게 조율한다.

→ 인상된 가격으로 판매하는 데 성공하면 지금까지 얼마나 많은 손해를 봤
  는지 생각하게 되면서 가격 인상에 대한 인식이 긍정적으로 바뀐다.

**프레젠테이션의 결정타는 요금 제시와 그 후의 흥정**

→ 가격 결정은 자유다. 단순히 가격을 인하하지 않도록 어느 가격에 계약할
  지 기준을 정한다.

→ 합의점을 찾기 위해서 만족할 만한 금액, 양보 가능한 금액, 행복을 느끼
  는 금액을 정해둔다.

**가격 제시 및 구입 결정 단계의 프레젠테이션에서 중요한 요소**

→ "어떻습니까?", "괜찮습니까?", "문제없습니까?" 등의 질문형 표현을 구사
  한다.

가격 인상의 기술

→ 대화의 마지막을 질문형으로 끝맺을 경우, 고객은 스스로 가진 생각을 자연스럽게 털어놓는다.

## 제시금액과 맞지 않을 경우의 끝맺음 시뮬레이션
→ 예산을 물은 다음, 타협안을 찾는다. 이때도 질문형으로 묻는다.
→ 조건이 맞지 않으면 거절한다. 금액을 올리는 동시에 작업 분담 등 교섭의 폭을 넓히면 계약으로 이어지기 쉽다.

## 타 업체에서도 취급하는 상품을 비싸게 파는 방법
→ '사람', '브랜드', '기업', '장소' 등을 더하는 방식으로 현재 상품 및 서비스의 가치를 높이려고 연구한다. 그 사례로 기존 상품군의 가격을 올린 조리기구 판매업체, 스테디셀러에 서비스를 더해 사업 형태를 바꾸고 가격 인상에 성공한 업체 등이 있다.

## B2B 분야나 대기업을 상대할 때 어떤 식으로 가격 인상을 할 수 있나?
→ 거래처의 신용도를 높이고 가격 인상의 '이유'가 된다.
→ 부유층 및 양질의 고객을 대상으로 고가의 상품, 서비스를 제공하는 기업에 접근한다.
→ 접근할 기업의 최상위 상품 라인에만 상품, 서비스를 제공한다.

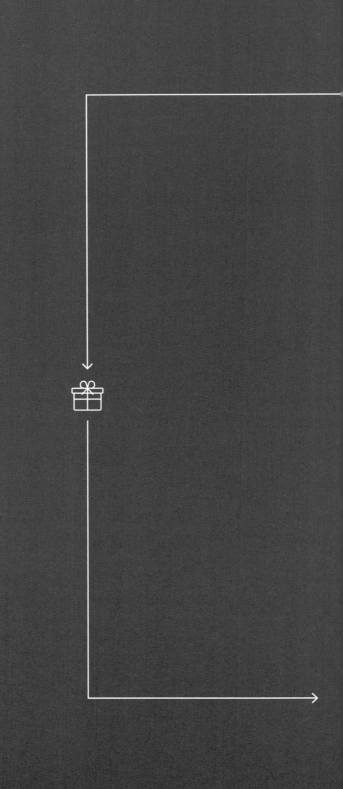

# 7장

# 가격 인상의 최대 목적은 '시간'을 만드는 것

## 경쟁 없이 노력만으로 이기는 경영을 위해

드디어 이 책의 마지막 장에 도달했다. 이번 장에서는 가격을 인상한 결과, 경영이 어떤 식으로 변해가는지, 또한 어떤 식으로 변해야만 하는지를 설명한다.

가격을 올리면 매출과 이익이 상승하면서 경영이 안정화되지만 그것만으로는 기업이 안고 있는 경영상의 문제가 모두 해결되지 않는다. 다만 매출과 이익이 오르므로 경영인은 드디어 희망하던 강한 경영을 실현할 수 있게 된다. 이제 겨우 이상적인 경영을 현실로 만들기 위한 조건이 갖춰진 것이다.

이번 장에서는 가격 인상 후, 모든 기업 대표가 꿈꾸는 강한 경영과 필자가 제안하는 이상적인 경영 형태를 어떤 식으로 실현할지에 대해 설명하겠다.

# '경쟁이 필요 없는 경영'을 지향하다

'이상적인 경영'이란, 다른 업체와 경쟁이 없는 것, 좀 더 정확한 표현으로는 다른 업체와의 경쟁을 필요로 하지 않는 경영을 실현하는 것이다.

'다른 업체와의 경쟁이 없다'는 것은 타 업체와 서로 마케팅으로 겨루면서 고객을 빼앗으려 하지 않아도 되는 상태를 말한다. 다른 업체를 압도적으로 따돌려서 경쟁이라는 개념 자체가 사라진 상태다.

'가격 인상'은 사실 창업 초기부터 지향했으나 어느 시점부턴가 까맣게 잊어버린 그 목표를 떠올리게 하는 계기가 된다. 그 목표는 경영 사이클을 늘려 '경쟁이 필요 없는 경영'을 확립하는 것이다.

# 부정적인 안전지대를 벗어나다

'안전지대'란, 스스로 '자기 자신을 어떤 사람으로 여기는가'에 대한 사고방식이다. 사람은 이런 사고에 의해 일정한 행동과 성과를 내도록(혹은 받아들이도록) 프로그래밍이 되어 있다고 한다. 예를 들어, '나는 언제나 최고다'라고 여기는 사람은 최고가 되지 못할 것 같은 예감이 조금이라도 들면 노력을 더한다는 것이다. 반대로 '나는 결코 최고가 될 수 없다'라고 여기면 최고 수준에 근접했을 때 갑자기 실패하거나 게을러지고 때론 병에 걸린다고 한다. 그렇게 해서 최고가 아닌 상태로 돌아간다고 한다. 이러한 사람의 안전지대처럼 기업에도 안전지대가 존재한다.

매년 그저 그런 매출과 이익을 내는 기업이라면 '우리 기업이 그렇지, 뭐'라는 사고방식이 기업 전체를 지배한다. 그래서 연초에 실적이 좋아도 1년이 지나 연간 실적을 보면 역시나 그저 그렇게 끝나는 경우가 많다. 또한 매년 조금씩 흑자를 내는 기업은 계속 그렇게, 매년 조금씩 적자를 내는 기업은 계속 그렇게 그 상태를 유지한다. 10년이 흘러도 상황은 비슷할 것이므로 상당히 위험하다고 볼 수 있다.

'우리는 이러하다'는 식의 안전지대를 갖고 있는 한 기업이 있었다. 그 기업은 '창업 이후 단 한 번도 납기를 맞추지 못한 적이 없다'라는 생각을 갖고 있었다. 그래서 납기가 아슬아슬해지면 누가 먼저랄 것도 없이 갑자기 발동이 걸려 총무, 경리까지 현장을 지원했다. 어떻게든 제품을 완성시켜 납기를 맞추는 것이 기업의 전통이 되었다.

이처럼 안전지대가 긍정적으로 작용한다면 아무런 문제도 없다. 그러나 매년 적자에 가까운 아슬아슬한 선으로 기업의 기준이 맞춰지면 아무리 열심히 해도 이익은 그저 그럴 것이라는 안전지대를 바꿔야 한다. 이를 위해서라도 '가격 인상이 최고의 수단'이라고 생각한다. 실제 **가격 인상으로 얻을 수 있는 매출과 이익 증대는 기업과 직원 전체의 생각을 바꾸는 효과가** 있다.

경영진이 기업의 부정적인 안전지대를 깨닫고 변화를 지향하는 자세를 갖춰야 한다. 만들고 있는 상품, 서비스가 스스로 생각하는 것 이상으로 비싼 값에 팔리고 고객에게도 기쁨을 준다면 경영진과 직원 모두 자신감을 되찾을 수 있다.

**성과를 올리면 당연히 긍정적인 안전지대를 발견한다. 이것이 가격 인상에 의한 최대의 변화다. 그리고 이때 가격 인상을 통해 얻는 매출과 이익, 사고의 전환은 다음 행동의 원동력이 될 것이다.**

# 가격 인상의 최대 목적은 '시간'을 만드는 것

안전지대가 바뀌었다면 이제 무엇을 해야 할까? '가격 인상을 통해 새롭게 생긴 시간'을 현재가 아닌 미래, 더욱 먼 미래를 위한 투자에 돌리자는 생각이 바로 사고의 변혁이다.

필자는 이 사고의 변혁을 '경영 사이클을 늘린다'라는 표현으로 자문하는 기업의 대표나 직원들에게 말한다. 경쟁사가 눈앞의 목표에만 매달리는 동안 좀 더 멀리 내다보면서 준비한다면 어느 시점부터는 압도적인 승자로 독주할 것이다. 이를 위한 준비를 시작하자.

가격 인상에서 얻은 매출, 이익 증대로 인해 갖게 될 최대의 목적은 기업이 미래를 내다보며 타 업체를 압도할 준비를 할 수 있는 시간적 여유를 갖게 되는 것이다. 예를 들어, 50%의 가격을 인상했지만 이전과 같은 매출을 지향한다면 이익은 오르고 판매횟수나 고객의 수는 줄어든다. 시공업체의 경우에는 현장의 수가, 서비스업체라면 서비스 제공이 대폭 줄어든다. 하지만 괜찮다. 공사나 서비스를 제공하는 시간도 반으로 줄어들기 때문에 나머지 반에서 여유가 생기기 때문이다. 만약 3배 높은 가격에 판매할 수 있다면 이익은 당초보다 더욱 오르면서 시간도 3분의 2가 남는다.

지금까지 가격 인상이야 말로 올바른 경영법이라는 말을 계속 강조했기에 이 부분은 이해가 쉬울 것이다. 즉, 가격을 인상하면 기업은 물론, 경영자 자신에게도 많은 시간이 주어진다.

그렇다면 경영자는 '새로 주어진 시간'에 무엇을 하면 좋을까? 가격을 인상한 몫만큼 시간이 생겼으니 그 시간을 당장 눈앞의 판매에 써도 된다. 한동안은 그것도 괜찮지만 안정기에 접어들었다면 그 시간을 어디에 투자하면 좋을지 냉정하게 생각해봐야 한다.

# 오늘의 노력이
# 미래의 매출까지 낳는다

새롭게 생긴 시간에 무엇을 해야 할까? 바로 미래의 매출을 낳기 위한 '작업 착수'와 '구조 형성'을 해야 한다. 이를 당장 지금부터 시행한다.

필자는 자문하는 기업 대표들에게 항상 "오늘의 노력을 통해 오늘의 매출뿐만 아니라 미래의 매출도 낳는 회사가 성공한다"라고 말한다.

쉽게 이해가 힘들 테니 사례를 들어보도록 하겠다. 필자가 자문을 담당했던 한 기업의 대표는 가격 인상을 통해 얻은 시간적 여유를 미래의 매출에 투자하려고 전문 분야의 대학 교수들 모임에 5년이나 참가했다.

이전까지만 해도 그 대표는 당월 매출을 사수하기 위해서 진두지휘를 하며 하루하루를 보내고 있었다. 그야말로 오늘만을 살고 있다는 느낌이었다. 그렇지만 이제는 가격 인상이 이끌고 온 수익 향상이 더해지면서 영업사원의 실패를 어느 정도 용납할 수 있는 여유가 생겼다. 그 결과, 영업사원의 능력과 함께 가격 인상으로 인한 고객의 질이 상승했고, 주변에서 고객 소개까지 늘자 영업사원의 성적도 상상 이상으로 늘었다. 그러자 **대표는 현장을 벗어나 미래를 그리는 경영에 시간을 투자하기**로 결심하고, 그런 노력의 일환으로 경영하는 기업과 연관된 분야를 연구하는 교수들의 모임에 매월 참가하게 되었다.

'경영자가 현장을 떠나 교수 모임에 얼굴을 비춘다?'

보통 사람들의 눈에는 도저히 업무라고 보기 힘든 행동일 수 있다. 실제로도 그런 행동을 하는 중소기업 경영자는 거의 없다. 모임의 교수들도 처음에는 이상한 사람이라는 의심까지 했다고 한다. 게다가 그 모임에 참가하는 기업 관계자라고 하면 대기업에서 온 해당 분야 전문가뿐이어서 여러모로 모임에 어울리지 않는 것 같았다고 한다. "대체 무슨 생각을 하는 거지?"라는 직원들의 목소리까지 들었다고 한다.

그렇다면 5년 동안 '미래의 매출을 올리기 위한 대표의 노력'이 낳은 성과는 무엇이었을까? 현재 해당 기업은 대기업과 함께 상품을 개발하고 있으며 교수들과의 공동 연구로 만든 결과물은 특허 신청까지 진행하고 있다. 물론 특허는 생산하는 상품에 적용할 계획이다.

이 사례를 통해 '경영자가 미래를 그리는 행위'의 진정한 의미가 잘 전달될 것 같다. 5년 동안의 과정을 좀 더 자세하게 소개하도록 하겠다.

대표도 처음에는 모임에 참가하는 데 의의를 뒀지만 타고난 활력과 영업력, 그리고 스스로도 진지하게 연구를 거듭한 결과, 점차 교수들에게 인정받게 되었고 사이가 가까워졌다. 나중에는 대학 연구가 어떤 형태로 시장에 영향을 끼치는지 등을 논하는 관계까지로 발전했다. 다음 세대를 짊어질 것으로 평가되며 세계적으로도 권위를 인정받은 한 교수와 의기투합해서 매월 연구비 명목으로 수만 엔을 건네기도 했다. 그 교수를 통해 대기업도 참여하는 상품 개발 제안이 들어왔고, 지금에 이르게 된 것이다.

보통 중소기업이 특허를 내봤자 경영에 활용하는 것은 어렵다. 그러나 이 대표의 기업이 낸 특허는 세계적인 권위를 가진 교수와 공동으로 했기 때문에 대기업 역시 그 점을 감안해서 공동으로 상품을 개발하기로 한 것이다. 대기업에서 받는 라이선스 수수료는 상품 1개 당 1달러로 정해졌다. 현재 이익을 크게 웃도는 수익이 예상된다.

이 대표는 현장을 직원에게 일임하고, 미래를 위한 행동에 나서서 '오늘의 노력이 오늘의 매출뿐만 아니라 미래의 매출을 낳는' 노력을 함께 일궈냈다. 조직경영은 본래 이렇게 해야 이상적이다.

대표는 과거를 회상하며 '언제부턴가 싸게 파는 데만 급급해지면서 모두가 오늘의 업무만을 하며 기업의 수준을 떨어뜨리고 있었다'라고 반성했다. 앞으로는 본인 외에도 경영진까지 조금씩 현장에서 멀어져 미래를 그리기 위한 업무에 종사시킬 계획이라고 한다.

어떤가? 어딘지 모르게 필자가 말하고자 하는 취지가 느껴지지 않는가?

가격 인상의 기술

# 미래의 수익부터
# 고려한다

모든 기업이 시장 축소화를 동반하는 인구 감소 때문에 저가 경쟁에 뛰어든 결과, 눈앞의 매출과 이익에만 급급해 먼 곳을 생각하지 않는 경영 방식에 빠지고 있다. 그중에서도 경영 사이클(목표)을 3년, 5년, 혹은 10년 후까지 늘려서 장래를 대비하는 기업은 어느 시점부터 압도적인 승자가 될 것이라고 필자는 생각한다. 그런 점들이 하나씩 기업에 스며들도록 해야 한다. 그 사고방식으로 흥미로운 경영 판단을 해서 성과를 올린 기업이 있다.

그 기업은 가격 인상을 통해 얻은 이익을 더욱 효과적으로 사용하려고 사업을 확대하고 발전시키는 것을 중단했다. 그 대신 매출을 거의 고정화시키고 신규 사업 개발에 전력을 쏟아부었다. 현재는 안정적이지만 지방에서 하고 있는 상황에다 업종 자체가 사양길로 접어들어 향후 10년, 20년을 생각하면 더 이상 발전을 기대할 수 없다고 판단했기 때문이다. 그 기업의 대표가 내린 결론은 현 사업의 성장전략 동결이었다.

지금까지 매년 진행하던 신입사원 채용을 중지하고 경력 채용 역시 타 업종 출신은 뽑지 않기로 해 연간 채용비용 및 교육비용을 대폭 줄였다. 또한 검토 중이었던 평가제도와 시스템 도입, 사무실 이사와 재건축을 취소하는 식으로 대대적인 비용 절감을 단행했다. 대표는 "기업이 항상 발전하지 않으면 안 된다고 생각했던 시기에는 여러모로 비용이 들었는데 현상 유지를 결심한 순간부터 수익성이 향상되어 놀랐다"라고 말했다.

매출을 거의 고정시킨다 해도 이렇게 나온 이익은 각 기업에 힘이 된다. 임원을 중심으로 10년 후에 현재 사업이 사라져도 또 다른 매출을 만드는 신규 사업 추진을 목표로 하게 했다.

여기서 말하는 '신규 사업'은 가능하면 높은 전문성이 필요해서 아무도 시행하고 있지 않은 것, 또는 어느 정도 경험을 쌓지 않고서는 진입이 힘든 것이 바람직하다고 판단했다.

현재는 해당 기업의 사업이 특정 분야에서만 진행되지만 외국 기업을 유치하는 전인미답(前人未踏)의 사업 형태로 탈바꿈하게 될 것으로 봤다. 그런 변화에 적응하기 위해서는 상당한 정보량과 상대방과의 신뢰관계, 그리고 인재교육이 필요하므로 긴 관점에서 시작해야 한다고 판단했다. 결과적으로 대표의 판단이 옳았다.

특히 타깃으로 정한 유럽의 명문 기업과 연결되어 원칙적으로 1사 독점이라는 독식 구조와 입장을 확립하면서 최고의 자리를 차지할 수 있었다.

# 커다란 차이를 불러올
# 행동을 생각하다

경영 사이클을 늘린다고 하는 것은 어떤 의미인가?

현재 하고 있는 행동의 결과를 지금이 아닌 3년 후, 5년 후, 또는 10년 후를 목표 지점으로 설정해서 경영에 몰두하는 것이다. 가격 인상으로 얻은 매출과 이익은 이를 위한 기초 자금으로 운용해 압도적으로 타 업체를 제치는 경영을 펼칠 수 있게 된다.

인구 감소로 기업들 대부분이 저가 판매를 지향한 결과, 매출과 이익은 감소했고 미래를 내다보는 경영이 불가능해졌다. 여기서 분명한 경영 의식을 갖고 경영 사이클을 늘리는 작업을 실행한다면 수년 후에는 압도적으로 강한 존재가 되어 지역, 업계, 그리고 세계 시장에서 승부할 수 있는 기업이 될 것이다.

지금 이 책을 읽고 있는 기업 관계자들도 먼저 가격 인상을 실현해서 그로부터 얻은 매출과 수익, 그리고 시간을 '경영 사이클을 늘리기 위한 투자'로 진행해야 한다. 이러한 과정을 통해 훌륭한 기업이 늘어날 것이라 믿어 의심치 않는다.

최종 목표는 경쟁 기업이나 업계 주요 기업을 목표로 하는 것보다 긴 사이클로 경영하는 것이다. 상장기업조차도 엄두를 못 낼 정도로 경영 사이클을 늘려 타 업체가 감히 따라오지 못할 수준으로 업무를 고도화하는 것이다. 타 업체가 3년 후를 목표로 한다면 적어도 5년 후를, 타 업체가 5년 후를 목표로 한다면 10년 후를 목표로 삼아 지금 취해야 할 행동을 구성한다면, 원하는 결과는 반드시 따라온다.

이를 위한 판단 기준은 '지금 당장은 필요하지 않지만 장래에 큰 차이를 만드는 행위는 무엇인지 상상해보자'라는 것이다. 또한 '오랜 시간을 들이지 않으면 절대로 불가능한 일은 무엇인가?', '경험이 전부인 세계는 어디인가?', '귀찮아서 누구도 떠맡으려 하지 않는 일을 할 수 있다면 굉장한 일이 아닐까?', '사람들 대부분이 경험해본 적 없고 그 길을 밟아보지 않으면 결코 알 수 없는 특별한 무언가가 없을까?' 등이 있다.

이런 질문들이 경영 사이클을 늘리는 힌트가 된다. 그중에서도 처음에 언급한 '지금 당장은 필요하지 않지만, 장래에 큰 차이를 만드는 행동은 무엇인지를 상상해보는 것'이 가장 알기 쉽다.

# 콘텐츠에
# 투자하다

어떤 연유로 경영 사이클을 늘리는 것에 대해 깨닫게 되었는지를 설명하기 위해 필자가 몰두하고 있는 일을 소개하려고 한다.

필자는 컨설턴트지만 동시에 창업 초기부터 매월 자사 홈페이지를 중심으로 많은 콘텐츠를 제작한다. 그런 다음, 온라인에서 오프라인에 이르기까지 폭넓은 매체에 유료 또는 무료로 배포한다. 또한 필자가 주최하는 스터디 모임인 '고수익 TOP 3% 클럽'은 매달 1회씩 도쿄, 나고야, 오사카 등에서 개최하고 있으며 지금까지 2015년 기준, 170회 이상 진행되었다.

본업은 어디까지나 컨설턴트이므로 사실 컨설팅만 하면 그만이다. 연재 중인 웹진이며 블로그, 유·무료 팟 캐스트, 간행물은 엄밀히 말하면 안 해도 된다. 매달 제법 많은 시간을 들여 스터디 모임을 진행할 필요도 없다. 사실 필자와 비슷한 활동을 하는 컨설턴트는 본 적이 없으며 주변에서도 "대체 무슨 짓을 하냐?"라는 말을 듣기도 했다. 하지만 그 결과, 컨설턴트로서 특별한 지위를 확립했다.

'오늘의 노력이 오늘의 매출뿐만 아니라 미래의 매출도 낳는다'라는 점을 깨닫게 된 것은 이렇게 콘텐츠 제작을 시작하고 몇 년이 흘렀을 때였다. 어느 순간부터 필자에게 몰려드는 상담 건수가 가파르게 증가하고 상담을 요청한 기업의 질과 내용이 급격하게 향상되었다. 그저 담담히 노력을 게을리하지 않은 덕분에 고객의 문의와 함께 몰라볼 만큼 달라진 상황이 펼쳐진 것이다. 이것이 바로 필자에게 있어 '지금 당장은 필요하지 않지만 장래에 큰 차이를 만드는 행동'이었던 셈이다.

매주 배포하기로 결심하고 계속 써내려간 웹진을 계기로, 조금씩 콘텐츠를 추가했다. 당시에는 축적된 콘텐츠가 결과적으로 이렇게 커다란 성과로 이어질 줄은 상상조차 못했다. 오늘의 행동이 오늘의 매출을, 이번 주의 행동이 이번 주의 매출을 형성함과 동시에 미래마저 만든다는 사실, 그리고 커다란 성과로 이어진다는 사실을 이 경험을 통해 확신할 수 있었다.

지금은 매달 실시하는 컨설팅 활동보다 미래를 향한 콘텐츠 작성이 더 중요하다고 생각될 정도다.

# 미래를 그리는 노력에는 경쟁이 없다

미래를 그리는 노력에는 매우 흥미로운 특징이 있다. 고객이나 다른 업체를 신경 쓰지 않고 멋대로 자기 페이스에 맞춰 할 수 있다는 점이다. 처음에는 어렵다고 생각할 수 있지만 막상 해보면 주변의 눈치를 볼 일도 없이 척척 진행될 것이다. 이런 측면에서 보면, 미래를 목표로 멋대로 스타트를 끊고 멋대로 행동할 수 있는 독자적인 전략이라고도 할 수 있다.

한 가구 제조업체는 지금까지 소개한 기업들과 마찬가지로 가격 인상에 성공한 후, 더 높은 가격을 책정하기 위한 전략의 하나로 고목 수집을 정했다. 그렇게 해서 10배의 가격에 판매하는 것을 목표로 하고 있다.

해당 업체는 경쟁 기업이 계속 가격을 낮추다가 도저히 경영을 할 수 없어 폐업한 것을 지켜봤다. 이 업체는 자금 면에서 여유가 있었기 때문에 '오래되고 가치 있는 목재를 사용해 이름난 목공이 제작한 가구'를 제품화하는 프로젝트에 착수했다. 경영 전망을 미리 예측하고 경영진의 사고가 미래를 내다본 결과, 막대한 이익을 얻게 되었다. 이는 현재 확실한 매출과 이익을

내고 있어 시간적 여유가 생겼고, 미래를 그리는 행동의 중
요성을 경영진이 이해하고 있기 때문에 가능한 결과였다. 경
쟁 기업이 미처 미래를 보지 못하는 사이에 추진해서 경쟁자가
따로 없었던 것도 주효했다.

기업은 미래를 견고히 만들기 위한 경영을 목표로 삼아야 하
는 것이다.

가격 인상의 기술

# 장래에
# 큰 차이를 만들 일

'지금 당장은 필요하지 않지만 장래에 큰 차이를 만드는 행동'을 인식해서 미래의 시장을 선점한 기업의 사례를 하나 소개하겠다. 가격 인상으로 경영 안정화에 성공한 후, 모든 직원에게 자격증을 취득하도록 하면서 대기업을 상대로 한 업무를 거의 독점한 기업이다.

이 기업은 해당 업계의 대기업들이 거래처를 선정하는 기준이 변할 것이라고 사전에 파악했다. 그래서 직원들에게 자격증 취득을 요구한 것이다. 그 결과, 경쟁 기업보다 사내 자격증 보유 비율이 경쟁 기업을 제치고 대기업까지 역전하는 수준에 이르렀다. 거의 독점 상태가 되자 무조건적으로 일을 수주하게 되었다.

처음에는 자격증 취득을 요구하는 경영 판단이 직원들에게 전혀 먹히지 않았다고 한다. "왜 그래야 하는지 의미를 모르겠다", "이제 와서 무슨 공부냐?", "사장 머리가 어떻게 된 거 아니냐?"라는 반응에다 자격증을 따기 싫어 그만둔 직원도 있었다고 한다. 이러한 자격증 취득 지령은 영업사원에게는 거의 강제적이어서 다른 기업과 경합 중이던 주문을 빼앗기는 경우도 있었다. 이에 반발한 영업 총괄부장이 나가겠다고 소동을 일으켜 큰 불화를 낳기도 했다. 하지만 직원들에게 몇 번이나 자격증 취득의 의의를 설명했다.

지금은 대기업으로부터 많은 주문을 받고 있다는 브랜드 이미지와 자격증 특별수당이 있다는 이야기를 들은 자격증 보유자의 입사 희망 목소리가 늘고 있다. 채용전략의 일환으로도 큰 효과를 올린 것이다.

클레임 발생의 원인을 직접 확인하기 위해 검사기기를 구입하고 전문가 집단을 10년에 걸쳐 육성하면서 수주를 독점하고 있는 기업도 있다.

10년에 걸쳐 갖춘 검사기기는 대기업이나 국립 대학 연구실의 수준을 뛰어넘은 것이며 직원들도 역시 전문가가 되었다. 정부의 전문기관에 의뢰하면 반년 걸릴 조사를 일주일 만에 끝낼 정도였다. 이 기업의 '지금 당장은 필요하지 않지만 장래에 큰 차이를 만드는 행동'은 직원을 포함한 검사 기능의 시스템 구축이었던 것이다.

어째서 이런 경영 판단을 했는지 물어보니, 대기업조차도 못하는 일을 중소기업이 해결한다면 '대기업을 영구히 거느릴 수 있을 것이라고 생각'했기 때문이라고 대표가 말했다. 제조 과정에서의 클레임은 빈번하게 일어나는 일은 아니지만 한번 일어나면 그 원인이 원료에 있는지, 제조 과정에 있는지가 큰 문제가 된다. 게다가 클레임에 대한 배상금액 등도 얽혀 있기에 상당히 복잡하다. 따라서 이를 명확히 검증할 수 있는 연구기관이 생기면 더 없이 든든한 존재가 될 것이라 확신했다는 답변도 돌아왔다.

# 미래로 방향을 틀어
# 세계적인 기업이 되다

'지금 당장은 필요하지 않지만 장래에 큰 차이를 만드는 행동'을 통해 세계적으로 도약한 기업을 소개하겠다. 특수한 양조제법을 개발해 건강 보조식품용 유기농 원료를 제조하는 기업이다.

유기농 원료를 제조하는 회사이기 때문에 본래부터 원료가 될 채소 등의 재배, 제조 과정에 대한 품질관리에는 신경을 쓰고 있었다. 가격 인상으로 인해 경영이 안정화되던 가운데, '장래에 이익을 낼 행동은 무엇인가?'를 고민하게 되었다. 그리고 365일 24시간 언제든지 공장 내부를 견학할 수 있는 시스템을 목표로 수년에 걸쳐 공장 내부를 공개하는 작업에 착수했다. 동시에 채소 등 원료가 될 모든 재배작물에 대해서도 '완전 투명화'를 내세우고 계약 농가에 생육 과정을 기록하도록 당부했다.

그렇게 해서 언제, 누가 만든 원료 채소가 어떻게 공장에 들어오고, 어떤 가공을 통해 숙성 과정을 거쳤는지, 어떤 상품이 되어 시장에 나가 누구에게 도착했는지를 모두 실시간으로 알 수 있는 시스템을 실현시켰다. 원료나 제품을 옮기는 운송차량에도 수차례에 걸쳐 방사능 검사를 시행하는 등 만전의 태세를 취했다. 전 세계적으로도 보기 드문 '투명화'다.

해당 기업의 대표는 이런 결단에 대해 "식품이나 건강 보조식품을 둘러싼 환경은 앞으로 반드시 증거의 시대에 돌입할 것을 알고 있었다. 처음부터 품질에는 절대적인 자신감이 있었다. 게다가 눈에 보이는 증거물을 주축으로 정식심사를 받아 세계 최고라는 판정을 받을 수 있다면 세계 무대에서도 이길 수 있다고 생각했다"라고 말했다.

이 경영 판단이 성과를 거둬 일본은 물론, 전 세계 기업 및 대학, 그리고 각국 정부기관으로부터 문의가 몰려들고 있다.

처음 도화선에 불을 붙인 문의는 세계적으로 알려진 연구기관에서 온 것이었다. 처음에는 귀를 의심했다고 한다. 해당 연구기관과 원료 제공 전속계약을 맺자 대기업은 물론 세계 각국에서 문의가 쏟아졌다.

경쟁 기업이 알았을 때에는 상황이 너무 늦었음은 물론이다. 이후 업적 향상 추이도 눈이 휘둥그레질 정도였다. 순식간에 업계 전체 매출의 50% 이상에 해당하는 수백 억 엔의 매출을 올렸다.

# 지금 하는 행동이
# 기업의 미래를 만든다

여러분의 기업이 취해야 할 '지금 당장은 필요하지 않지만 장래에 큰 차이를 만드는 행동'은 대체 무엇일까? 바로 조직이 하나가 되어 경영 사이클을 늘리고 오늘의 노력이 오늘의 매출뿐만 아니라 미래의 매출도 낳는 경영을 구축하는 것이다.

이 책에서 다룬 가격 인상에 대한 올바른 사고방식을 이해하고 실행해 수익과 이익을 향상시키자. 미래를 구축하기 위한 노력과 시스템 구축을 지향해야 한다.

이러한 노력은 고객이나 경쟁사를 일체 신경 쓰지 않고 경영인 본인의 판단으로 시작할 수 있다. 주변에서 그 노력을 알아차릴 무렵에는 이미 다른 기업을 훨씬 앞서나간 존재이자 따라잡을 수 없는 존재가 되어 있을 것이다.

# 📋 Key Point

**'경쟁이 필요 없는' 경영을 목표로 하자.**

→ 타 업체와 경쟁하면서 서로 고객을 빼앗으려 하지 않아도 되는 상태를 만
든다.

**매상과 이익이 향상되면 기업의 (부정적인) '안전지대'를 벗어난다.**

→ 상품 및 서비스가 생각한 것보다 비싼 가격에 팔려서 고객에게 기쁨을 준
다면, 대표와 직원 모두 자신감을 되찾을 수 있다.

**가격 인상의 최대 목적은 시간을 버는 것이다.**

→ 경영 사이클을 늘린다. 가격 인상에 의해 창출된 시간을 미래를 위한 투자
로 돌리자.

**오늘의 노력이 오늘의 매출뿐만 아니라 미래의 매출도 낳는다.**

→ 대표는 현장을 떠나 미래를 그리는 경영에 자신의 시간을 투자해야 한다.

**현재 매출과 이익을 고정시키는 한이 있어도 미래의 수익을 고려한다.**

→ 현재 사업의 성장전략을 동결하고 신규 사업의 개발을 진행한다.

**장래에 커다란 차이를 불러올 행동이 무엇일지 생각한다.**

→ 가격 인상으로 얻은 매출과 이익을 경영 사이클을 늘리기 위한 기초자금
으로 활용한다.

→ 최종 목표는 경쟁 기업이나 업계 주요 기업이 목표로 하는 것보다 긴 주기
로 경영하는 것이다. 매주 배포하던 웹진과 팟캐스트로 인해 문의가 늘어

난 컨설턴트, 모든 직원에게 자격증을 취득하도록 해서 대기업을 상대로 한 업무를 거의 독점한 기업, 미래로 방향을 틀어 세계적인 기업으로 도약한 유기농 원료 기업 등이 그렇게 해서 성공했다.

**미래를 그리는 노력에는 경쟁이 없으므로 자신의 페이스에 맞출 수 있다.**

→ 매출과 이익을 내고 있어 시간적 여유가 생겼고 더욱이 미래를 그리는 행동의 중요성을 경영자가 스스로 인식하고 있다면 가능하다.

**지금 하는 행동이 회사의 미래를 만든다.**

→ 경영 사이클을 늘려 오늘의 노력이 오늘의 매출뿐만 아니라 미래의 매출도 낳는 경영을 한다.

필자가 주최하고 있는 스터디 모임 '고수익 TOP 3% 클럽'에서 '가격 인상'이라는 테마를 고지하자 놀라울 정도로 많은 신청자가 몰린 것이 책을 집필하게 된 계기였다.

본문에서 말했던 것처럼 '가격 인상'은 컨설팅을 할 때 상식이자 당연한 내용이었다. 그런데 생각하지도 못했던 반응이 쏟아졌으니 필자로서는 놀라움을 금할 수 없었다.

'가격 인상에 대한 이해'를 넘어 '책을 읽고 직접 가격 인상을 실행하는 것'을 목표로 쓰다 보니 탈고까지 시간이 많이 걸렸다. 지난 2년 동안 수차례 원고를 고쳐 쓰면서 주변에 있는 여러 스타일의 경영인들에게 보여주고 반응을 살펴봤다.

첫 원고에서는 '음, 가격 인상이 중요하군' 하는 반응이 나왔지만 실제로 행동으로 옮긴 사람은 극소수였다. 물론 스스로 보람도 느꼈고 원고를 읽어준 분들도 모두 훌륭하다고 말해주셨다. 사실 이 시점에서 출판을 결정할 수 있었다.

그러나 목표를 '실행'에 뒀기 때문에 만족할 수 없었다. 내용을 꾸준하게 수정하면서 주변분들께 검토를 계속 부탁했다. 그 결과, 이론적인 설명보다는 구체적인 사례를 근거로 들었을 때 반응이 한결 더 좋았고 실제로 가격 인상을 실행한 사례도 많았다.

여기서 문제에 부딪혔다. 본문에서도 언급했지만, 가격 인하의 사례는 누구에게나 듣기 좋은 미담처럼 여겨져 소개하는 데 큰 어려움이 없었다. 하지만 가격 인상에 성공한 사례는 달랐다. 기업 입장에서는 내부 기밀이고 경쟁 기업에게 패가 공개될 위험성이 있어서 기업들 대부분이 소개되기를 꺼렸다.

필자는 그 어떤 기업이라도 참고하고 실행으로 옮길 수 있도록 가능한 한 많은 사례를 소개하고 싶었다. 그래서 해당 기업의 양해를 구한 다음, 기업명과 업종 등을 다른 기업이 알 수 없게 각색했다. 그 덕분에 이 원고를 미리 접한 수많은 대표들은 읽기가 무섭게 가격 인상을 단행했고, 몇몇 업체는 상당한 성과를 올렸다. 진심으로 출판을 하지 말아달라고 부탁하기도 했다.

이처럼 결과는 이미 증명되었다. 부디 여러분들도 본문의 내용을 잘 이해해서 가격 인상을 실행으로 옮겼으면 한다. 그리고 경영 사이클을 늘려, 경쟁이 필요 없는 독자적인 경영을 목표로 해주기 바란다.

지금까지 몇 권의 책을 썼지만 이처럼 긴 시간을 들여 실험과 동시에 집필을 진행하기는 처음이었다. 출판에 관여해주신 모든 분, 그리고 책을 읽어주신 모든 분께 감사드린다.

가격 인상의 기술

# 가격 인상의 기술

제1판 1쇄  2024년 10월 9일

지은이  이시하라 아키라
펴낸이  한성주
펴낸곳  ㈜두드림미디어
책임편집  최윤경
디자인  디자인 뜰채 apexmino@hanmail.net

**㈜두드림미디어**
등    록   2015년 3월 25일(제2022-000009호)
주    소   서울시 강서구 공항대로 219, 620호, 621호
전    화   02)333-3577
팩    스   02)6455-3477
이메일   dodreamedia@naver.com(원고 투고 및 출판 관련 문의)
카    페   https://cafe.naver.com/dodreamedia

ISBN   979-11-94223-17-7 (03320)